CHINA LITERATURE AND ART FOUNDATION
中国文学艺术基金会
中国文学艺术发展专项基金
资助项目

时光传奇

广告影像中的小康步伐

孙祺然 著

中国摄影出版传媒有限责任公司
China Photographic Publishing & Media Co., Ltd.
中国摄影出版社

千江有水千江月

唐代诗人李白《把酒问月》中的经典名句“今人不见古时月，今月曾经照古人”，不知引发古今多少人的无限感慨。我们无法阻挡时光的流逝，也无法抗拒岁月的变迁，唯有珍贵的记忆永存。好在有影像，它定格了时光，见证了岁月，让记忆“保鲜”。摄影独特的视觉语境，让我们见证了精彩传奇！

1839年法国人路易·达盖尔发明摄影术之前，人们记录时光的方式多是文字，或者岩画、石雕、壁画和结绳之类。其中最引人瞩目的当属敦煌莫高窟，特别是敦煌壁画比较全面地记录了宗教、经济、文化、民俗、礼仪、农耕等内容，是一部社会观察和视觉记录的巨幅画卷。而摄影又促进了敦煌壁画艺术历久弥新，经久不衰，让我们对“今人不见古时月，今月曾经照古人”有了更深刻的感怀。月光，跨越时空；摄影，穿越时光！

喜爱摄影多年来，也拍摄了不少作品。随着摄影实践的深入和经验的积累，我对摄影的认识也越来越深刻。同时，摄影也给我带来了很多意想不到的收获。正是摄影，让我能够将自己身边真实的故事记录下来，留下一份珍贵而美好的记忆。

我也常常思索：摄影拍什么？怎么拍？想要表现什么？其实，大多数情况下我都是随手拍，但并不是随意拍，从看似平凡的日常生活中洞悉时代变迁，发现影像价值。我特别关注生活中的广告，因为广告简洁醒目，反映着普通人的多彩生活，深深吸引了我的目光。那一幅幅画面充盈着浓浓的烟火气，也洋溢着暖暖的幸福感。一张张照片记录了生活中的点点滴滴，有温情，有惊喜，有幸福，呈现出市井之中人们真实的生活状态。我拍摄的都是普通百姓的衣食住行，没有宏大的场景，但一张张照片就像一个个前进的脚印，传递着我们对美好生活的向往和追求，也见证了我们的努力和奋斗，让我们更有力量眺望未来和远方。

咫尺之间见精神。影像，记录时代，也被时代记录！

这也正是我出版《时光传奇：广告影像中的小康步伐》一书的初衷。此书以具有一定代表性的广告影像为切入点，从居民收入增长、消费水平提高、住房条件改善、联络日益便捷等方面，通过影像叙事记录了几十年来普通百姓生活从温饱不足迈向全面小康的巨大变化，从百姓生活的小视角反映出中国社会的大变迁。

一图胜万言，影像以其强大的力量，影响着一代又一代人。当前，我们已经进入了全民摄影时代。摄影技术的进步唤醒了众多普通人的艺术潜能，越来越多的人开始拿起相机或手机，用镜头记录下身边故事和精彩瞬间，表达自己的思想和情感。

好照片离不开生活，离不开时代。在此，也希望本书能够激发更多的人用心观察生活，捕捉身边故事，为社会写真，为时代留影。

影像，记录的是时光，留存的是记忆！

孙祺然

2020年10月，北京

目 录

天猫双11
全球狂欢节
盛妆出席
的大日子

2018 年 11 月，北京。生活日渐富裕，人们的消费需求也随之增长，生活品质不断改善。图为“双十一”购物狂欢节广告。

腰包鼓起来

专业户
个体户
储蓄 理财
股票 债券
基金 保险
电子支付

腰包鼓起来，是城乡居民最关心、最直接、最现实的获得感和幸福感。腰包鼓起来了，说明居民的收入增加了，生活必然也富裕了。

改革开放前，我国经济落后，城乡居民生活基本上处在温饱不足的状态。改革开放40年，随着经济的快速发展，城乡居民收入节节攀升，生活水平不断迈上新台阶，从摆脱贫困、解决温饱到实现总体小康，正在向全面建成小康社会目标迈进。

1978年，党的十一届三中全会胜利召开并做出了改革开放的重大决策。随着农村家庭联产承包责任制的实行和乡镇企业的异军突起，以及城市地区一系列收入分配制度改革措施的出台，城乡居民收入水平和生活水平稳步提高，1991年基本解决了温饱。1992年，邓小平南方讲话之后，市场经济体制不断完善，城乡居民收入快速增长，生活水平继续提高，2000年总体上达到了小康水平。

跨入新世纪，人民生活迈向全面小康。收入分配制度改革进一步推进，各级政府切实落实各项增收措施，企业利润分配更多向居民倾斜，机关事业单位工资制度改革不断深化，城镇居民收入快速增长。同期，国家先后出台了减免农业税、实行粮食直接补贴等一系列惠农举措，大大提高了农民的生产积极性，使农民的腰包更加殷实。

国家统计局公布的数据显示，1978年全国居民人均可支配收入仅171元，

2017 年全国居民人均可支配收入达到 25974 元，扣除价格因素，比 1978 年实际增长 22.8 倍，实现翻四番有余。居民财产性收入由无到有、由少变多，2017 年全国居民人均财产净收入占全部可支配收入的比重达到 8.1%。

随着收入的节节攀升，城乡居民的消费水平也在大幅提高。2017 年全国居民人均消费支出 18322 元，扣除价格因素，比 1978 年实际增长 18.0 倍，年均实际增长 7.8%。消费层次由温饱型向全面小康型转变。在解决了温饱问题后，城乡居民的消费结构也有了明显改善，开始从基本的吃穿消费向发展和享受型消费倾斜。

党的十八大提出了到 2020 年全面建成小康社会的新要求、新愿景，党的十九大报告则提出“建成经济更加发展、民主更加健全、科教更加进步、文化更加繁荣、社会更加和谐、人民生活更加殷实的小康社会”。改革开放 40 年，城乡居民切实感受到了从贫穷到富足带来的获得感和幸福感。随着一大批便民、惠民、利民举措的持续实施，城乡居民的腰包将更加鼓起来，获得感也将显著增强。

在希望的田野上发轫

对内的改革是从农村联产承包责任制发轫的，在希望的田野上，农业农村爆发了无穷的活力。

农副业生产不再受到限制，一部分农民依靠家庭农副业逐渐成为专门从事养殖、种植等生产活动的专业户，先一步富裕起来。于是，随着交易自由和经营自由，一些思维活跃敏捷，有闯劲、有能力，又敢于大胆冒险的人开始“下海”。20 世纪 90 年代，民营企业迎来了爆发式的增长，一句“十亿人民九亿商”的顺口溜传遍了全国。这些勇敢的“下海”人士，或依托民间筹资，或依托银行贷款，勇敢创业，从农村到城市，从沿海到内陆，涌现出了一大批优秀的民营企业家。

1983 年 12 月，河南修武。家庭联产承包责任制极大地调动了农民的生产积极性，农业连续几年获得大丰收。图为修武县李万乡的农民在排队交售爱国棉花。

1997 年 10 月，河南新乡。中央连续多年发布以农业、农村和农民为主题的中央一号文件，极大地激发了农民的干劲儿。农业发展，粮食丰收，有远识的农民带头人在田头路边办起了最早的农产品交易市场，既提高了收入，又了解了市场。

改革开放40年，民营企业从无到有，从小到大，成长为中国经济的重要基石，为国家的发展做出了卓越贡献。数据显示，民营企业贡献了50%以上的税收、60%以上的国内生产总值、70%以上的技术创新成果、80%以上的城镇劳动就业、90%以上的企业数量。民营企业是改革开放的参与者和支持者，其地位和作用不容置疑。

农村改革的敢试敢干经验增强了国内市场的经济活力，促进了经济体制改革、国有企业的加速成长和市场商贸繁荣。多样化经济形式相互取长补短，相互融合，共同推动了中国工业化进程的发展，人民生活越来越好。改革开放以来，中国工业产品的生产量与家庭占有量大幅度增长，家电下乡计划使得更多中国人实现了人人都有手机、家家都有彩电的梦想！如今，中国工业品产量在世界具有举足轻重的地位，已经成为牵动全球工业增长的重要引擎。

如今，中国品牌出口海外已成为一种趋势。随着“一带一路”倡议的提出，中国进一步加快对外开放的步伐，深度融入全球产业链，为中国企业布局海外提供了难得的机遇和舞台，让全世界都能领略到来自中国的魅力！

2009年10月，山东烟台。生态旅游在全国很多乡村逐渐兴起，成为农民增加收入的一个新渠道。图为烟台一家生态旅游采摘园的果蔬丰收了。

2019年7月，四川省凉山州昭觉县。在金融精准扶贫政策的支持下，昭觉县“悬崖村”下新修的道路通了，村民脱贫致富就更有希望了。

1984年4月，河南洛阳。改革开放后，农村个体经济得以恢复和发展。图为洛阳个体工商户开展服务外宾的工艺品交流活动。随着外宾旅游目的地的逐步放开，具有传统民俗特色的剪纸、木雕、泥人、布老虎等工艺品深受外宾欢迎，成为各地换汇的特色文化商品。

1985年2月，河南焦作。1979年至1984年，我国先后恢复成立了中国农业银行、中国建设银行、中国银行、中国工商银行四大国有专业银行，银行业逐步由管理型向服务型迈进，从城市到乡村普遍建立网点。图为焦作青年路上的中国农业银行焦作市支行贸易中心信用部于春节期间正式开业，这是当地农业银行进入城市开办的第一家营业网点。

1988年10月，河南修武。农业丰收之后，农民有了多余的粮食发展养殖。在政策的支持下，一部分农民依靠以养猪为主的家庭副业先一步富起来，并逐步成为养殖专业户。

1989年7月，河南焦作。国门开放，贸易交流，在“出口创汇，为国争光”口号的号召下，众多企业精益求精，力求拿出最好的产品来，为国家多创外汇。图为焦作市陶瓷厂的生产车间，该厂生产的厚胎瓷碗具专销欧美市场，扩大出口创汇的同时，也增加了职工收入。

BLACK
兑奖表
特奖
拉OK机
壹奖
国进口跑车加卡拉OK机
加毛毯加大锅加吹风机
贰奖
铝壶毛毯
叁奖
肆奖
豪华果盒
伍奖
陸奖 人民币贰元
柒奖 小奖品
奖券撕毁无效
AX-100

1992年4月，河南孟县。随着农村改革的深入发展，孟县西虢镇西虢村富裕起来的农民办起了中国最早的乡村轿车制造厂。当时的说法是，无农不稳，无工不富。该村人多地少，解决温饱之后，村民就想办一个汽车厂，勤劳致富奔小康。他们肩拉锤敲，电焊喷漆，用他们的话说，小汽车是用梦想的铁锤敲出来的！值得一提的是，当地银行及时给予了千万元贷款扶持，帮助他们走上创业路。

对页

1989年9月，天津。改革开放后，经济迅速发展，商品日益丰富，从凭票供应的短缺经济到选择多样的富裕经济，商业领域的各种促销活动应运而生。图为天津滨江道商场为吸引顾客，特举办商品有奖促销活动，奖品有摩托车、卡拉OK机、录像机、半导体收音机、电子手表、吹风机等。这是由计划经济体制向市场经济体制转变的一个缩影。

2005年10月，新疆塔里木油田。改革开放后，随着我国工业化、城镇化进程加快，越来越多的农村富余劳动力转移到城市和乡镇企业就业。进入新世纪，农民外出务工就业人数不断创造新高，外出务工成为农民收入的主要来源之一。图为塔里木油田的农民工，他们身后的宣传标语是“没有荒凉的沙漠，只有荒凉的人生”。

国家统计局发布的数据显示，“十一五”期间我国中小型民营企业达845万余家，年增长率17.3%，创造的价值在国民生产总值中的比重过半数以上。但是，很多中小型民营企业在发展中都遇到了融资难题，甚至已经威胁到企业的生存和发展。为此，金融机构推出了专门针对中小型民营企业的贷款业务，帮助它们解决融资难题。

2011年10月，北京。北京银行为满足中小企业主紧急融资需求推出的“短贷宝”广告。

2014年6月，河南焦作。焦作市商业银行针对小微企业及个人推出的“经营贷”广告。

2013年4月，北京。招商银行针对小微企业推出的“生意贷”广告。

2014年1月，天津。光大银行针对小微商户推出的“POS快贷”广告。

在市场的大潮中歌唱

改革开放后，伴随着经济的飞速发展，越来越多的城乡居民走上了致富的道路。腰包渐渐鼓起来之后，人们的理财观念也在悄然发生巨变。

改革开放前，居民收入低，过日子精打细算，除了维持日常的吃穿用度，节余的一点儿钱都是存到银行赚取利息，这是当时老百姓最主要的理财手段。1981 年国家恢复发行国债，大部分老百姓都愿意购买储蓄式国债，因为储蓄式国债的利率通常高于同期银行存款利率，只赚不赔！

1995年后中国股市进入大发展时期，全民炒股的热潮掀起。中国股民队伍迅速壮大，创造了许多“百万奇迹”。虽然股市风险很大，但其带来的高回报及潜在的暴利机会，仍然吸引着众多投资客前赴后继！

1990 年 4 月，河南焦作。改革开放后相当长的一段时间里，储蓄存款一直是我国城乡居民主要的理财手段。“参加储蓄，利国利民”是那个年代银行的宣传用语，引导城乡居民踊跃储蓄。图为储蓄所宣传学习雷锋艰苦朴素的作风，引导群众踊跃储蓄。

1995 年 4 月，河南焦作解放东路。群众走上街头庆祝《中国人民银行法》《商业银行法》颁布实施。《商业银行法》提出“存款自愿，取款自由，存款有息，为存户保密”的储蓄业务原则，保护存款人的利益。

进入2000年后，国民保险意识增强，对保险的需求显著提升，医疗险、意外险和养老险是百姓最青睐的险种。信托“受人之托，代人理财”，对于富裕起来的人们来说也是一个非常合适的选择。

老百姓手里的钱多了，投资理财方式也多了，债券、基金、股票、外汇、保险、黄金、P2P……互联网金融的迅猛发展，更是掀起全民理财的热潮。金融及其衍生品作为活跃的投资产品，不再是富有阶层的专属。在琳琅满目的投资理财产品中，打着高回报、高收益的各种P2P理财产品备受百姓喜爱，迅速成为一种平民化的理财方式。但高收益的诱惑往往伴随着高风险，近两年来P2P平台“暴雷”的新闻时有发生，既考验着中国金融业的管控力和诚信度，也唤醒了国民的金融安全意识。

新金融惠及人们生活的方方面面，改写了国民的理财观念和投资方式。未来，以大数据、区块链和人工智能等前沿技术为支撑，新金融将不断迭代升级，给百姓生活带来更丰富的幸福体验。

2015年5月，天津。随着2015年上半年股市暴涨，牛市来临，很多股民赚得盆满钵满，也吸引了很多新股民跑步入市。图为当地证券公司的员工走进社区、商超，现场为新客户办理股票开户业务。

2017年12月，北京。为了最大限度满足百姓的投资理财和金融服务需求，各大银行如火如荼地开展了理财产品推介、金融知识普及、投资者教育等一系列活动，把优质的理财产品和金融服务送到百姓身边，成为百姓身边的理财帮手。图为“工银理财节”的广告。

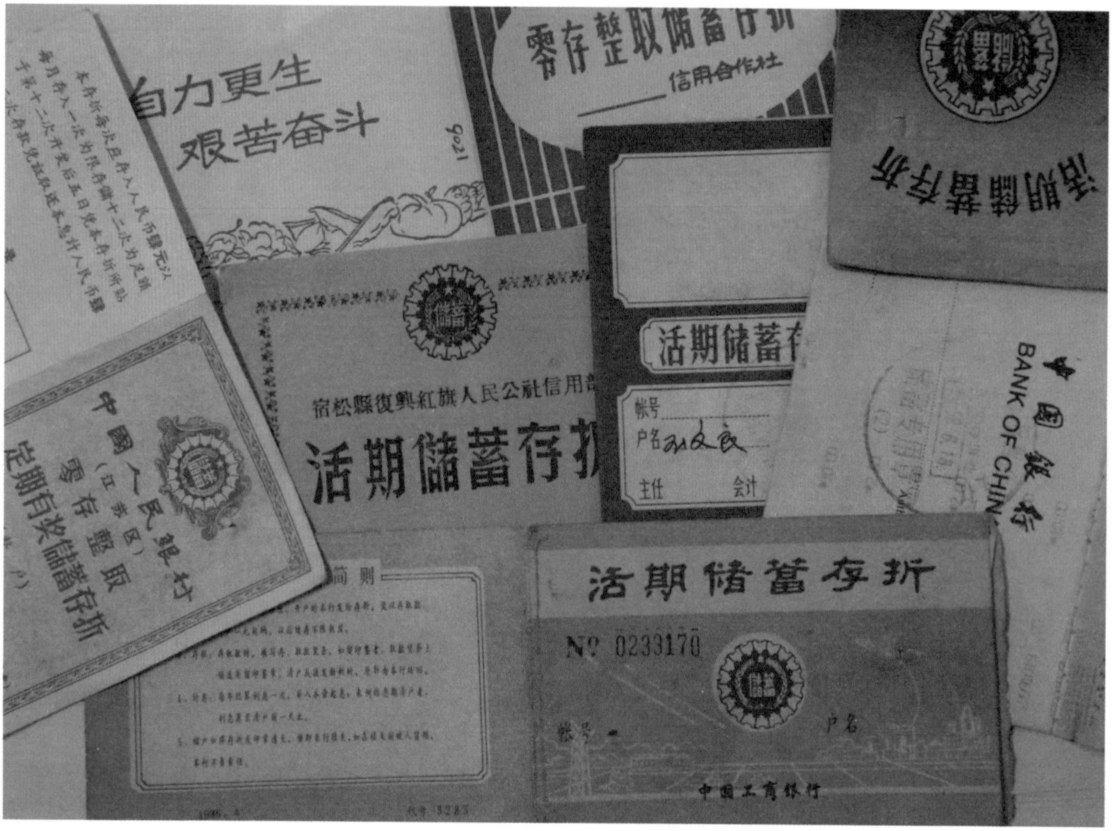

改革开放后，伴随着经济的持续高速增长，城乡居民致富的脚步也快了起来。与此同时，城乡居民储蓄存款也保持迅猛增长之势。国家统计局发布的统计数据显示，1978 年全国城乡居民储蓄存款余额只有 210 亿元，到 2018 年已经超过 68 万亿元。图为 20 世纪六七十年代的存折。

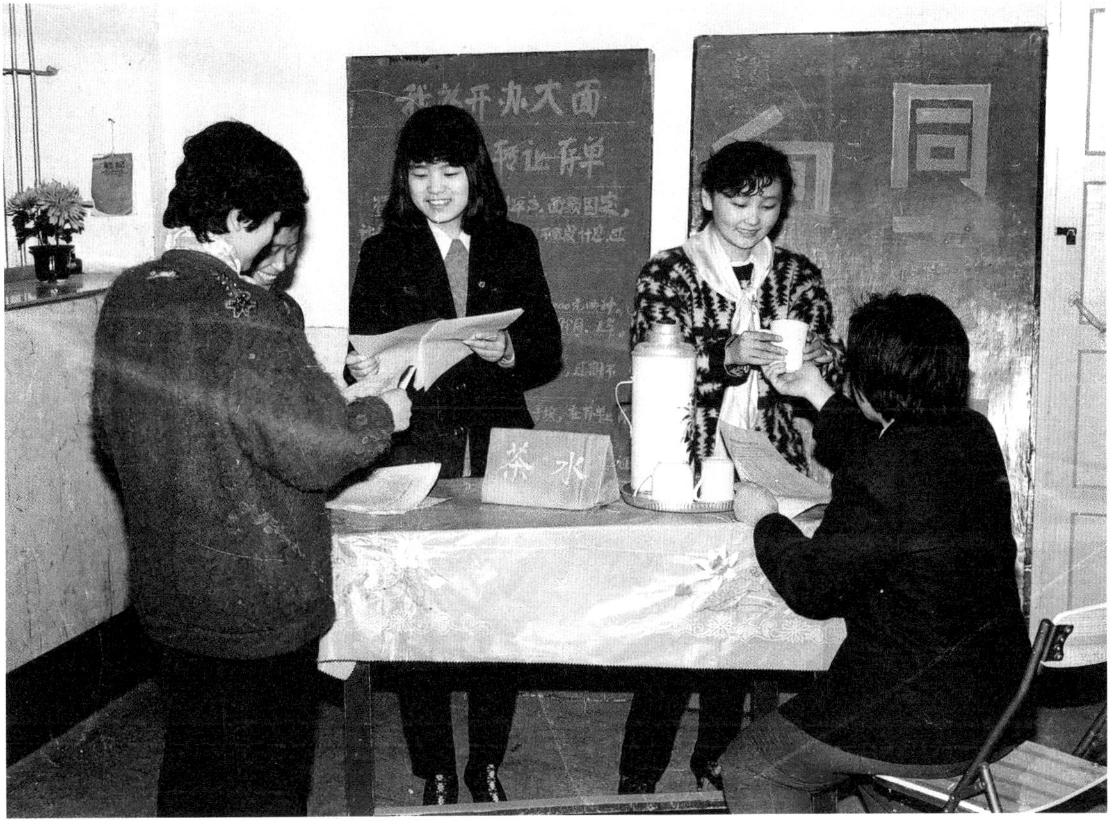

1987年10月，河南焦作。居民在焦作工商银行青年储蓄所开办大额可转让存单。大额可转让存单是当时一种新兴的金融市场化产品，起点为1000元，利率上浮10%，具有可流通转让的特点，为百姓增加了一个可靠的投资渠道。

1992年11月，河南焦作。在没有电脑的年代，储户到银行办理存取款业务都是由工作人员手写完成的，储户的储蓄信息都是以纸质账页的形式保存在银行开户网点。而且，由于存款信息没有联网，储户信息被固定在一家银行，储户存取款只能到同一个网点办理。图为焦作工商银行青年储蓄所专柜的工作场景，工作人员身旁可转动的大木箱里装得满满的都是该储蓄所储户的储蓄账页。随着银行营业网点的电子化联网，储蓄业务逐步实现了通存通兑，给储户办理业务带来极大的便利。

1993 年 10 月，河南焦作。很长一个时期内，储蓄存款一直是我国城乡居民主要的理财手段，也是银行信贷资金的重要来源，因此各大银行主动转变服务方式，竞相吸揽居民储蓄存款，储蓄存款余额持续高速增长。图为焦作工商银行民主办事处庆祝三八储蓄所荣获全国最佳储蓄所一周年暨储蓄存款余额超亿元大会。

1994年4月，河南博爱。随着电子化时代的到来，储户的储蓄信息都通过计算机系统保存，储户可以跨网点存取款。图为博爱县农业银行首家电脑储蓄所在许良乡开业，成为当时新闻报道的热点话题。

随着金融科技创新的发展和智能移动终端的普及，越来越多的普通大众享受到了比过去更便捷、更优质的金融服务。现在，老百姓可以借助自助银行、电话银行、网上银行、手机银行等高科技智能体系，享受到银行提供的 24 小时多层次、多渠道的全天候服务，真正体会到银行服务的高效、方便和快捷。

2003 年 8 月，北京西单。电话银行自 2001 年面市，人们不必亲自到银行排队、填单，只需打个电话，就可以更加便捷地享受到银行服务的一键通，省去了很多烦琐手续和来往的辛苦。

2016 年 6 月，北京。中国工商银行、中国农业银行、中国银行、中国建设银行、交通银行五家银行联合宣布手机转账全部免费，普惠金融服务民生。

1991年12月，河南焦作民主路。1981年国家开始发行国库券，但当时规定“国库券不得当作货币流通，不得自由买卖”。直到1988年3月，才允许国库券上市流通交易。从这一年开始，买卖国库券的热潮开始出现。上海人杨怀定当时就是利用国库券在各地转让市场中的价格差异，赚到了他人生中的第一桶金，得名“杨百万”。图为居民在银行购买国库券。

1998年2月，河南焦作。东方红广场，虎年春节800万元福利彩票销售现场，市民踊跃购买彩票，工商银行工作人员现场收款。

2005年10月，河南郑州。子女教育一直是家长最关心的问题，很多家长从孩子出生后就开始给孩子积蓄教育资金。教育储蓄正好迎合了家长的需求。教育储蓄与普通储蓄最大的区别就在于，它执行整存整取的优惠利率，且免征储蓄存款利息所得税，收益率相对较高，因此受到家长的青睐。图为中国农业银行的教育储蓄广告。

2009年1月，北京。2006年12月11日，我国加入WTO后的过渡时期结束。我国向外资银行全面开放中国境内公民的人民币业务，取消开展人民币业务的地域限制和其他非审慎性限制，对外资银行实行国民待遇。对于老百姓来讲，在进行银行理财时就多了一个选择。2006年花旗银行参股广发银行，积极扩大经营。图为广发银行首任外籍行长辛迈豪（右一）和副行长林文和（中）手持春联参加中国新年团拜活动，用中国语言和文化送上新春祝福，吸引富裕起来的中国客户。

自1984年上海飞乐音响公司“小飞乐”股票发行以来，股票投资成为百姓理财的新选择。20世纪90年代初，深沪股市起步时，市场曾一度疯涨，引发全民炒股的热潮。股市涨跌，有人一夜暴富，有人倾家荡产，有人黯然离场，有人东山再起……股市里沉浮的人生真是一言难尽。

1991年12月，河南焦作。为了打造内陆具有特色、较为完善的资本市场生态环境，加快推进证券交易和融资进程，促进资本市场服务实体经济发展，焦作证券交易所应运而生。小城市的证券交易市场也吸引和培育了大批投资者。

2013年2月，河南焦作。炒股成为人们茶余饭后的热门话题，电视股评、电台热线、报刊专栏、炒股秘籍系列丛书应运而生。图为某股票期货俱乐部的大幅广告。

老百姓的钱袋子鼓起来了，投资理财意识也随之增强，“你不理财，财不理你”的观点已经被越来越多的人所认同。为此，各大银行相继推出种类丰富的理财产品。截至 2018 年末，全国银行业理财产品 4.8 万只，存续余额 22.04 万亿元。

图 1　2001 年 5 月，河南郑州。郑州东方红影剧院外墙体的光大银行阳光理财广告。

图 2　2008 年 11 月，北京。中信银行理财快车广告。

图 3　2016 年 2 月，广州。广州机场的兴业银行“百富人生”财富管理广告。

2007年5月，北京。在通胀压力加大的背景下，越来越多的居民倾向于用手中的闲钱进行多种形式的理财：债券、股票、基金、外汇、黄金、彩票、钱币、邮票……图为王府井大街商铺外墙上醒目的理财广告。

2012年3月，广州。伴随着经济的高速发展，富裕人群的规模不断壮大。他们不仅关注财富的保值增值，更希望能够实现财富的代代相传。由此，私人银行应运而生，由专业团队为他们提供管家式的服务，满足他们的金融需求。图为广州招商银行宣传私人银行服务的广告。

2012年4月，江苏南京。随着富裕人群的增多，黄金投资受到人们的追捧。越来越多的人开始尝试黄金投资，并将其作为应对通货膨胀的重要措施。2008年黄金价格因全球金融危机而节节上升，最高时涨了3倍，甚至有“中国大妈”击败高盛等看空黄金的金融大鳄之说法。图为公共汽车车身上的交通银行黄金回购广告。

2014 年 10 月，北京地铁。图为地铁通道里的支付宝钱包广告，支付宝钱包的一个重要功能是里面的钱可以转入余额宝，理财更便捷。2013 年余额宝横空出世，因其有着定期存款的利率、活期存款的流动性，很快便获得人们的青睐。随后，各互联网公司纷纷跟进，互联网理财时代就此开启。

改革开放后，百姓在积累了越来越多财富的同时，保险意识也在不断增强，越来越多的人开始购买保险。而且，随着经济社会的快速发展，保险产品品种也在不断地迭代更新，从最初单一的财产保险扩展到如今的财产险、人身险、责任险和信用险四大类上百个险种，能够更好地满足人们对保险产品服务的多元化需求。保险成为千家万户不可或缺的保障，让人们的生活更美好。

2006年10月，北京。俗话说，“晴带雨伞，饱带饥粮”。面对未知风险，越来越多的家庭开始提前做好保障计划，保险不失为一种很好的选择。图为人行道旁的平安保险巨幅广告。

2012年5月，北京。随着收入和生活水平的提高，人们对保险的购买力和接受度逐年上升，越来越多的人开始提早为自己和家人做好规划，规避疾病、意外、养老等风险。图为商业街上的中国人寿保险广告。

2013年10月，武汉。随着汽车普及率的逐年提高，汽车成为家庭资产的重要组成部分，车险也呈现出快速发展的态势。图为武汉航空路立交桥下中国人保财险的车险广告。

2013年被称为“互联网金融元年”，京东白条、蚂蚁金融、花呗、借吧等新兴互联网金融平台快速抢占市场。老百姓足不出户，只要上网填写相关信息，就可轻松完成贷款，与传统的办理贷款手续相比真是一大进步，很受白领一族青睐。互联网金融正逐步影响和改变人们的生活方式。

2015年4月，北京。P2P网贷平台“找银子”在北京大学内进行宣传。

2015年9月，北京。移动金融“借贷宝”App广告。

2016年3月，北京。公共汽车车身上的京东金融“白条分期”广告。

2016年7月，北京。全国中小企业转让系统（即“新三板”）是继上海交易所、深圳交易所之后的第三家全国证券交易场所，2013年6月16日成立营运。“新三板”是构建中国多层次资本市场的组成部分，成为具有成长性和科技含量的融资平台，既为市场投资者提供更多的可选择性投资品种，又为中小企业增发融资提供了便利条件。图为北京国贸大厦即将举办的一场“新三板”股权认购说明会搭建现场。

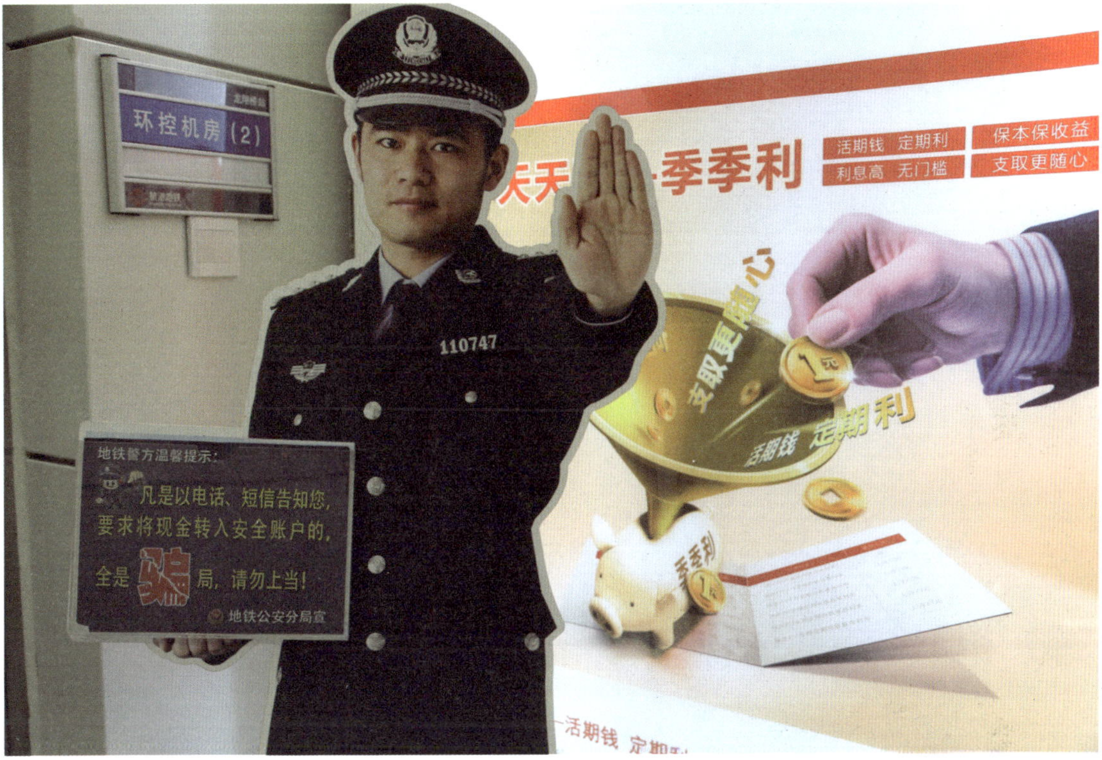

2016年10月，深圳。随着普通百姓财富的逐步增长，经济诈骗呈上升趋势。电话短信以“中大奖”“退税”“猜猜我是谁”等内容，对受害人进行非接触式诈骗。人们要时刻警惕，防范电信诈骗，以免财产受到侵害。

2014年8月，北京中关村。生活条件好了，人们的追求更高了，想装修房子，想置办新家具，想出国留学……为满足人们的这些需求，银行推出了便捷的消费信贷。过去，这种消费信贷项目是传统银行难以全面惠及的领域，2014年1月1日《消费金融公司试点管理办法》正式施行后，消费金融公司快速发展。图为北京银行推出无须抵押、无须担保、审批快捷、还款灵活的消费信贷。

随着生活水平的不断提高，越来越多的人购买私家车作为代步工具。为减轻经济压力，很多人会选择贷款买车。汽车贷款这种灵活、实惠的方式，让消费者享受到更加方便、快捷的金融服务。

2015年8月，大连。进入新世纪，各大汽车公司纷纷成立汽车金融公司，以免息的方式吸引了更多的消费者前来买车。图为大连国际汽车展览会上，上汽通用展台的汽车金融广告宣传板。

2016年4月，天津。随着我国金融市场建设的不断完善，贷款买车成为许多消费者首选的购车方式。图为汽车工业展览会上的贷款购车广告，消费者凭驾驶证和身份证即可贷款购买选好的车型，方便快捷。

2020年10月，北京。金融机构推出的“菜篮贷”“养殖贷”“助学贷”“乐器贷”等多样化的金融精准扶贫措施，让越来越多的贫困家庭走上了致富路，过上了幸福生活。图为北京地铁站里中国农业银行的金融精准扶贫广告，主题是“让每个角落都热闹起来”。

2020 年 11 月，北京。经过多年的运作，“双十一”抢购活动已经演变成整个电商行业的大型集体促销盛宴，而新兴互联网金融产品在这场盛宴中正扮演着越来越重要的角色。图为“双十一”购物狂欢节来临之际，蚂蚁花呗的分期免息广告，倡导“理性消费，该花才花”。

在铿锵的时代中崛起

人们的腰包渐渐鼓起来了，消费能力和消费水平也开始逐步加强。可是新的难题又来了：出门购物，随身携带大量钞票既不方便，也不安全。这个难题被一张小小的卡片——信用卡，轻松化解了。

改革开放之初，信用卡这一新鲜的支付工具从国外传入中国。1985 年 3 月，中国银行发行了国内第一张信用卡——中银卡。随后，工商银行、农业银行、建设银行、交通银行等国有银行陆续发行信用卡。2002 年 3 月，中国银联正式成立，各家银行实现了联网通用，信用卡得以跨银行、跨地区和跨境使用。由此，信用卡逐渐取代现金、支票，成为人们日常生活中随身携带的“金融身份证”。

伴随着消费升级和移动互联网的发展，网上购物和移动支付已经成为日常生活中

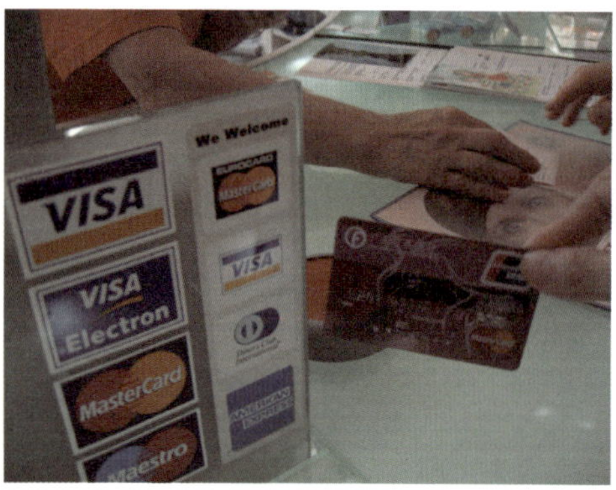

1999 年 10 月，河南郑州。从现金流通到刷卡消费，对普通百姓来说是一个巨大的跨越，图为 20 世纪 90 年代收银台前的刷卡标志。

2004 年 9 月，北京首都机场。北京赴欧洲旅游首发团在首都机场准备乘坐包机出发时的合影。首发团成员都持有广发外币旅行卡，不必再随身携带大量现金，为出国旅游带来真正的安全和方便，因此备受欢迎。

再平常不过的事情。目前，所有的App都可以关联信用卡消费，额度从几十元到几万元，甚至几十万元。如今，信用卡消费已经渗透进百姓生活的方方面面，吃饭、购物、旅游、娱乐，甚至买车、买房都可以用信用卡消费，而且还可享受不同的促销和打折方式。信用卡让老百姓花得方便，花得安全，花得开心。

据央行统计，截至2019年初，信用卡和借贷合一卡在用发卡数量共计6.86亿张，全国人均持有信用卡达0.49张。正因为巨大的信用卡发行量，才有了海量的信用卡交易额，并推动了居民的消费升级；正因为巨大的信用卡发行量，才衍生出更加人性化的支付场景，以及更加多元化的支付方式；正因为巨大的信用卡发行量，才使得中国快速建立起庞大的民众信用体系，使得中国与国际社会接轨。

从实体卡支付到网上支付，再到移动支付，从单一支付方式到多样化的支付方式，信用卡已在不知不觉间改变了我们的生活和消费习惯。更便捷、更安全的消费和支付方式，也为我们平淡的日常生活增添了更多的幸福感。

信用卡虽然只是一张小小的卡片，却见证了国人从储蓄型消费向信用消费的转变，是中国消费经济的一个重要里程碑。

2013年10月，北京国瑞商城。信用卡的消费支付促进了商业的繁荣兴旺。

2019年4月，北京。“62节”是中国银联推出的一项惠民消费活动，消费者可用云闪付App、银联手机闪付、银联二维码等产品，以超值优惠的价格购买惠民好货。

1993年3月，河南郑州。中国银行最早在珠海发行准贷记卡，也称“准信用卡”，即先在卡内存款，然后方能有相应额度，每次使用时需要电话跨区核实，等待时间很长。图为街道边路灯杆上的中国银行信用卡广告。

1999 年 6 月，河南郑州。广发银行于 1995 年发行国内首张标准信用卡，先消费，后还款，无须预存款，可使用预审信用额度进行透支消费、提现交易。图为广发银行工作人员在向市民宣传推广信用卡，旁边的信用卡贷款易拉宝广告非常醒目，吸引了不少市民前来咨询相关事宜。

2004年11月，首都机场服务中心。广发银行与南方航空公司联合推出全国首张航空信用卡，用户持银行信用卡消费就可以享受航空里程兑换机票和升舱服务，花一份钱得两份收获。这是金融机构和航空公司尝试推出的联合延伸服务，颇受旅客认可，航空信用卡因此在全国迅速推广。

2006年10月，北京。信用卡刚刚推出的几年里，各家银行发行的信用卡只能在自家专属的机器上刷卡使用，各成系统，各自为政，给百姓消费带来了麻烦。为开辟无障碍方便支付通道，促进北京奥运“金卡工程”畅通实施，各家银行积极从终端联通改进，付出了艰辛努力。图为广发银行员工国庆节期间在天安门广场的北京2008年奥运会倒计时牌前合影留念，纪念取得阶段性成果，并励志开拓快捷畅通新征程。

办证信、核签证、租汽车、预付押金等都离不开信用卡的使用，于是，各家银行纷纷发行了不同品牌定位的信用卡，以满足客户的金融需求。

2005 年 6 月，北京人民大会堂。中国民生银行正式发行信用卡。

2008 年 2 月，河南郑州。街头的牡丹卡宣传广告。

2009 年 10 月，北京。王府井步行街上的信用卡广告。

银行从“坐商”变“行商”，主动上门服务。银行人员在站点、社区、公司楼宇等地宣传推介信用卡，并现场为人们办卡。接地气的深入宣传培育，使思想比较传统保守、不想透支消费的国人在潜移默化中逐渐接受了借贷观念，信用卡透支消费拉动了经济的增长。

图 1　2007 年 7 月，北京。银行人员上门服务，现场为人们办卡。
图 2　2007 年 7 月，北京。各家银行信用卡的宣传单页及广告。
图 3　2007 年 12 月，北京。圣诞节前，银行员工在商场开展信用卡宣传推广活动。

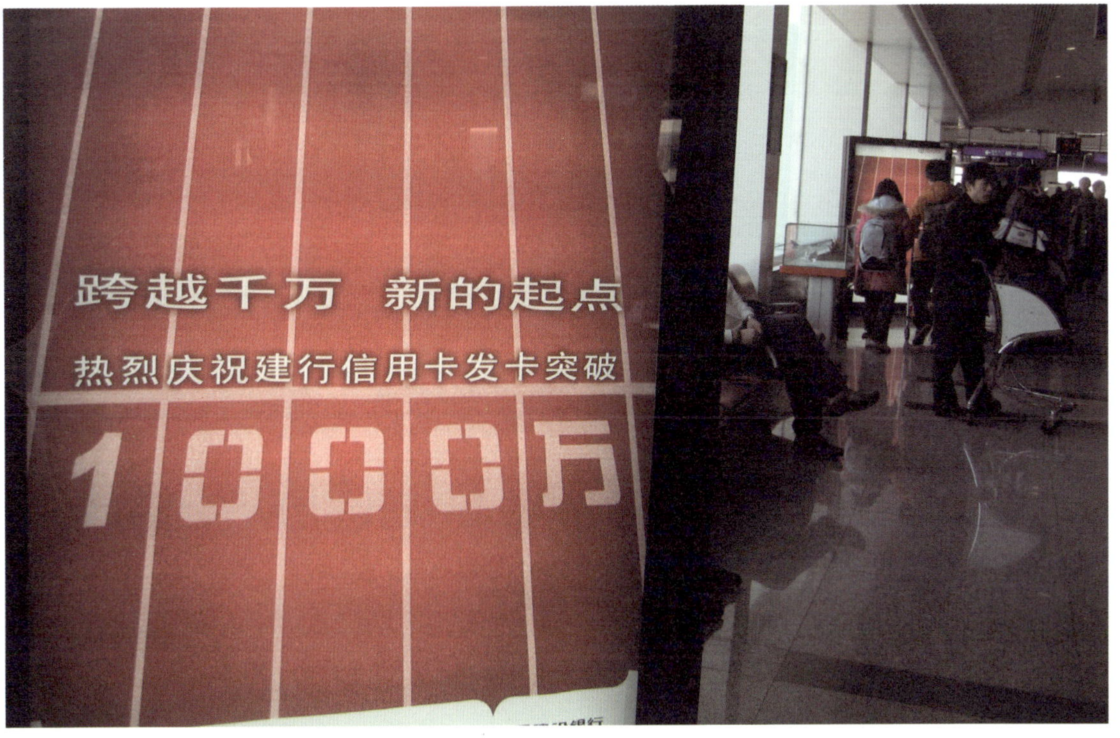

2007年1月，广州机场。建设银行庆贺建行信用卡发卡突破1000万张的广告。信用卡刚面市时备受质疑，所以，1000万张是信用卡行业发展和社会公众接受度的一个里程碑。

2012 年 2 月，云南昆明机场。2002 年中国银联成立后，创建了我国自主的银行卡品牌“银联卡”，带“银联”标识的银行卡可以让消费者享受到方便、快捷、安全的金融服务。

消费者在商户处的每一次刷卡消费都会有积分和短信告知，让老百姓切切实实感受到金融科技带来的便利，也使现钞使用大大减少。

2005 年 7 月，天津。招商银行刷卡多倍积分活动广告。

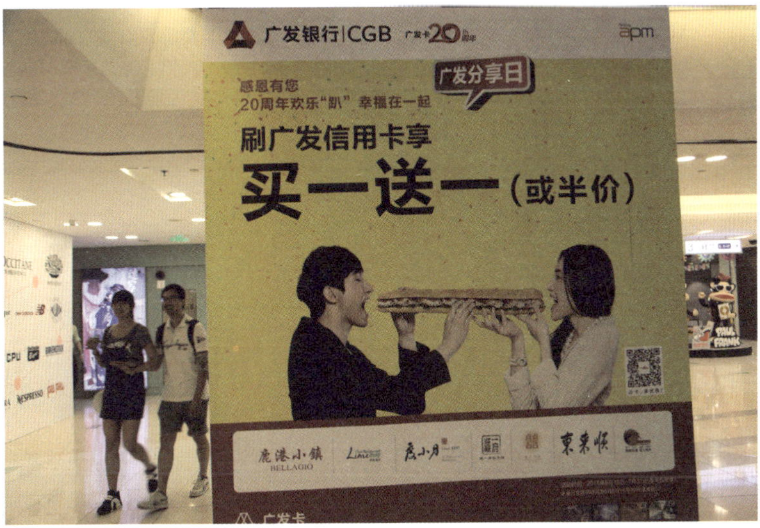

2015 年 6 月，北京王府井。信用卡消费优惠日活动广告。

2019 年 11 月，新疆乌鲁木齐。一家电影院与多家银行联合开展信用卡刷卡购票优惠活动，原价 70 元的电影票可优惠至 9 元，吸引了不少观众前来观影。

2020 年 7 月，北京。针对用户的不同需求，各大银行推出了各种主题的信用卡，如萌宠信用卡、乐游信用卡、美食信用卡、留学信用卡等，受到用户的欢迎。图为平安好车主信用卡广告，持卡用户可以享受加油折扣、道路救援、安全保险等服务。

信用卡的迅速增长和普及发展奠定了线上金融支付的基础，以信用卡为载体的金融支付在各领域、各地域呈现出丰富多彩、专业高效、方便实用的运行态势。

2018 年 9 月，北京。支付宝、微信、云闪付等各种新兴支付方式兴起，人们购物结账更方便。

2019 年 7 月，四川省凉山州昭觉县。偏远山村也用上了便捷的扫码支付。

2019 年 4 月，上海。云闪付是中国银联联手各商业银行于 2017 年推出的移动端支付方式，一次可管理十多张银行卡，轻松实现跨行交易、账单查询、信用卡还款、记账管理等专业金融服务，成为消费者省钱省心的支付管家。目前，云闪付 App 用户数已突破 2 亿，被誉为用户的“知心朋友”。图为繁华的南京路步行街，街角楼顶上矗立的就是宣传云闪付的广告牌。

生活美起来

时尚潮流

服装饰品

美容美发

瑜伽养生

健身塑体

爱美之心，人皆有之。古往今来，人们对于美的追求从来没有停止。不论是服饰还是发型，不断变化的背后都是社会潮流的推动，以及几代人时尚观念的变更。

每个时代有每个时代的时尚，绿、灰、蓝曾经是20世纪六七十年代最时尚的色彩，过年人们才能裁剪一件新衣服。穿出个性、穿出特点则是现代人的时尚追求，不论是淑女风格、萝莉风格、朋克风格还是二次元风格，时尚人士在穿衣打扮方面最怕的是“撞衫”。服饰的基本寿命是一个季节，因此，“断舍离”概念应运而生，“舍”的不仅仅是衣服，还有旧的观念和生活态度。

现在的年轻人不会想到，许多年前还是一个买任何商品都需要票证的时代，买布要布票，买肉要肉票，买油要油票，买米要粮票，买大件商品如电视机、自行车、收音机等更是一票难求。那时候，光有钱没有用，没有票可谓寸步难行。即使有票，大部分商品也是需要全家人轮番排队守候才能买到。因此，很多人都会自己做衣服、织毛衣，裁剪编织类书籍很受欢迎。票证时代，大家的愿望很简单——吃饱穿暖就是幸福。现如今，商品极大丰富，人们苦恼的不是买不到，而是如何做出选择。

就说包吧，以前人们出门就是用一方手帕把钱小心翼翼地层层包裹起来，现在有现金包、卡包、坤包、化妆包，颜色不一，款式多样，风格各异。再说佩戴的饰品吧，以前有一枚戒指就令人十分艳羡了，现在的饰品五花八门，有发饰、颈饰、耳饰、肩饰，种类之多，超乎你的想象。如今去参加晚宴或聚会，女士们必定要先化个妆，美个甲，再设计个应景的发型。

走在街头，看着路边琳琅满目的美容与时尚广告，以及街头那些穿着入时的男女老少，让人不由地感慨现代人对美的追求已经达到了极致。柔美的希望更柔美，阳刚的希望更阳刚；漂亮的希望更漂亮，帅气的希望更帅气；苗条的希望更苗条，健硕的希望更健硕……于是，恰好迎合人们需求的美容养颜、瑜伽养生、健身塑体等场所越来越受欢迎。

无论潮流怎样更迭，都阻挡不了人们追逐时尚和美丽的脚步。人们在时尚的世界里追求着各自的梦想，绽放着各自的精彩！

人靠衣装马靠鞍

俗话说“三分长相，七分打扮”，得体的穿着会让人显得更有气质和魅力。可见，服饰搭配在我们日常生活中是多么重要！服饰是一种文化，它有着鲜明的时代烙印；服饰是穿在身上的历史，它见证了不同时代人们对美的向往和追求。

新中国成立初期，人们几乎都是自己动手做衣服，会裁缝手艺的人很受欢迎。那时候，物资短缺，买布要有布票，买棉要有棉票，要积攒够做一件新衣服所需要的布料并不是一件容易的事。所以，穿新衣对普通人来说是一种奢望，那时候的孩子们一年或者好几年能有一套新衣服就已经是一件很值得欢呼雀跃的事了。“新三年，旧三年，缝缝补补又三年”，这是那时候人们常挂在嘴边的一句话，也是当时人们穿衣的一个真实写照。

那时候还没有流行与时尚的概念，衣服的功能就是保暖、遮体。服装款式非常单

1982 年 4 月，河南郑州。毕业合影留念，男学生穿着普通军服或工人装，女学生则穿着大翻领的上衣，这些都是当时的流行装束。

2016 年 5 月，天津。商场里张贴的这幅宣传画，带人们回忆起 20 世纪 80 年代流行喇叭裤、录音机和绿、蓝、灰几种颜色的时光。

一，颜色也很单调，全国人民都是蓝色解放装、灰色中山装，军绿色的旧军装再加个军挎包就算是当时年轻人追求的时尚了。一件衣服穿四季，补丁加补丁更是司空见惯。唯一的饰品可能就是姑娘们用来扎小辫的红头绳，或者胳膊上套着的“套袖”了。在那个物质极不丰富的年代，全社会崇尚艰苦奋斗，朴素就是美。人们的观念非常保守，就怕穿衣打扮跟别人不一样，会被别人说三道四！

20 世纪 80 年代，伴随着改革开放的春风，市场供给逐渐丰富，生活水平显著提高。人们手里有钱了，开始注重穿衣打扮。西方和港台文化传入内地，很快便引领了新的时尚与审美潮流，人们压抑了许久的对美的追求得以释放。仿佛一夕之间，大街上人们的穿着就变得五颜六色、姹紫嫣红。受港台影视剧的影响，年轻人开始追求时髦。身穿连衣裙、脚踩高跟鞋、头上烫着鬈发成为时髦女青年的追求，造型夸张的大耳环深受欢迎，而男青年则是留长头发、戴太阳镜、穿花格子衬衫和喇叭裤的不羁打扮。

进入 90 年代，随着改革开放的逐步深化，人们的生活向小康过渡，物质生活条件不断改善，思想观念更为开放。巴黎、米兰、纽约等时尚之都的各种服饰潮流信息不断传入中国，人们开始大胆地追求流行服装，追求个性成为这一时期尤为突出的特点。紧身衫、吊带裙、T 恤衫、迷你裙、单双排扣西服、松糕鞋等款式层出不穷，令人眼花

2000 年 10 月，江苏南京。国际时尚信息不断传入中国，国人思想观念更为开放，开始大胆地追求潮流服饰。

2009 年 2 月，广州。一款高品质内衣能够为女性提供更舒适、健康的穿着体验，帮助女性塑造体型美，提升整体气质，展现女性魅力。

缭乱。

21 世纪，人们对服饰的要求又有了新的变化，开始追求个性和时尚，注重通过整体搭配来展现个人独特的气质和风采，要穿出个性，穿出自己的品位，就怕跟别人都一样！如今，每个人的衣柜里都挂满了五颜六色、款式各异的服饰，休闲装扮、运动装扮、商务装扮、宴会装扮……大到衣服、鞋子，小到首饰、包包，无不彰显出个性特点。一个更多彩、更多元、更个性化的服饰消费时代拉开了帷幕。

各个时期的不同服饰就像是一本记载着时代变迁的书，它紧跟着时代的步伐不断变化，展现了每一代人日常生活中的时尚记忆。从单调到多彩、从单一到多元、从大众到个性，服饰的变化不仅显示出改革开放以来，人们生活水平的不断提高、对生活品质追求的多变，也表达出人们对美的追求、对生活的热爱。

2014 年 10 月，四川成都。手表不仅仅是一种计时工具，更是一件可以展现个人品位的配饰。尤其是对于男士而言，一款合适的手表不仅可以彰显出个人品位，还能提升个人气质，增加气场。

2017 年 10 月，北京。“95 后”“00 后”逐渐成为消费主力军，他们希望通过独特的服饰来展现自己，那些能够张扬个性、显示自我主张、标榜自我存在的服饰便受到他们的青睐和追捧。

在票证时代，实行的是凭布票购买布料，要想添置一件新衣服，就得先攒够所需要的布票，这在当时并不是一件容易的事情。1983 年 12 月 1 日，商业部通告全国：敞开供应棉布，取消布票。从此，使用近 30 年的布票成为历史。图为 20 世纪六七十年代的票证，其中就有布票。

20世纪50年代，河南沁阳县。沁阳物资局干部李登喜（右一）身着改进型中山装，上衣口袋里插着两支钢笔，显得温文谦和。他的妻子孙玉珍（左一）是农村大队妇联主任，头裹围巾，打扮朴素。坐着的两位老人身着盘扣大襟棉袄，小孩子穿的是列宁装。当时城里最为流行的是列宁装和“布拉吉”（连衣裙）。

1979年12月，河南焦作。围观挑选黑白电视机的人们。当时人们的衣着以黑灰为主调，戴一顶解放帽在那个年代就已是很酷的标志。

1984年9月，山东曹县。秋收后的一家人合影，女孩子穿花格子上衣，男孩子着条线凸显的服装，那是20世纪80年代初的普遍打扮。

2008年11月，北京。这是在王府井步行街上拍摄的一个画面，当时“记忆30年——纪念改革开放30周年全国摄影大展”正在王府井步行街展出。在这张图片中，路边巨型展板上的影像真实反映了20世纪70年代末、80年代初人们的穿着。

1986年10月，河南焦作。一对新人的合影，男士穿的是改进式西装，女士穿的是当时流行的天鹅绒改良旗袍，上面绣着葡萄图案，寓意生活美满。

婚纱是结婚仪式上新娘穿着的西式服饰，有别于以红色为主的中式传统裙褂。

新娘的传统中式婚礼服以大红色为主，烘托出喜庆、热烈的气氛。正是由于这种传统思想，当西式的白色婚纱传入中国时，与中国传统的红色相结合，预示着红红火火的好日子，形成别致雅趣的婚纱特色。后来，红色婚纱逐渐演变成粉红色婚纱。而后随着社会的进步和人们思想观念的改变，新娘们不再一味遵循传统，洁白雅致的白色婚纱开始流行并成为当今时尚。

1988年9月，河南焦作。结婚典礼上，新娘身穿大红色婚纱亮相，显得喜庆而艳丽。

1990年4月，河南焦作。身着粉红色婚纱的新娘和亲友在新房里合影。

1995年5月，河南焦作。身穿白色婚纱的新娘在亲友的陪伴下走出居住的胡同，她的白色头纱上点缀着小红花，既具有装饰性，又增添了喜庆气氛。

2014年6月，天津。身穿洁白婚纱的新娘被众人拥入酒店婚礼现场。

现代社会，追求美装早已不再是女人的专利，男人也越来越讲究服装搭配，这也是提升自身形象最为关键的一步。在男士服装中，西装是最重要也是最讲究的正式服装，得体的西装会使人显得神采奕奕、气质高雅。此外，衬衫、外套、夹克等也是男士衣橱中的必备时尚单品。

2003年10月，北京。醒目的“报喜鸟”品牌广告牌上，黑色或灰色西装搭配白色或带条纹的浅色衬衫，展示出男士的自信、儒雅和大气。

2014 年 10 月，四川。广告中男士穿的毛呢外套是秋冬季节的最佳选择，既保暖又时尚，散发绅士魅力。

2015 年 1 月，北京。从男士羽绒服广告同样可见这种穿着的多姿多彩，一件温暖舒适的羽绒服能够陪你优雅地度过寒冷的冬天。

聘请明星担任形象代言人已经成为服装企业打造品牌的一种手段，明星代言能够提升服装品牌知名度，吸引消费者的眼球并带动流行趋势。

2002 年 10 月，北京王府井。周杰伦限量版亲笔签名 T 恤巨幅广告格外醒目。

2015 年 6 月，北京王府井。周杰伦代言的一款黑猫警长 T 恤巨幅广告，非常时尚酷炫。

2012 年 9 月，天津。一名男青年从巨幅服饰广告前走过，他的目光被广告画面吸引。

2014 年 8 月，北京。快时尚品牌紧跟时尚潮流，赢得了年轻潮流一族的喜爱。图中巨幅广告中展示的快时尚服饰色彩靓丽，洋溢着青春的光彩，尽显女性的妩媚与活力。

年轻人的消费观念在改变，特别是“90后”“00后”普遍追求个性，希望成为时尚的引领者而非时尚的追随者，他们更喜欢原创、有个性的衣服。这组图片充分展现了他们的穿衣主张：缤纷生活，穿出自我。

图1　2011年4月，北京。魔幻装看上去神秘莫测，很容易激起人们一探究竟的好奇心。
图2　2010年7月，山东青岛。热情奔放的红唇装散发着性感妩媚的气息，走在路上回头率极高。
图3　2017年8月，河南焦作。个性鲜明的情绪装用简洁的文字和表情符号来直白地表达内心的情绪和想法，是人们情感宣泄与个性展示的一种途径。
图4　2010年8月，北京。深情款款的情侣装见证甜蜜爱情，是情侣们秀恩爱的绝妙武器。

2

3

4

2015 年 3 月，北京。商城里的试衣魔镜，当顾客站在试衣镜前时，装置将自动显示试穿新衣后的三维图像，让顾客体验新奇独特的购物乐趣。

2016 年 2 月，北京。“过新年，穿新衣”是中国人的传统习俗，新年期间，给孩子穿上一身中式童装，不仅喜庆感十足，而且颇具仪式感。图为商家为迎新年推出的儿童服装广告，蕴含着浓郁的中国古典韵味。

享受每次挑战
享受每次挑战
士力架
花生夹心巧克力
崇文电讯
让短信
更煽情
X488
三星 Anycall
手机专业维修
MP3 MP4 MD CD 随身听
维修服务中心
小灵通热卖 各种充值卡
联通包月号
SNICKERS
花生夹心巧克力

2014 年 10 月，北京。鞋子是服装搭配的重要元素，而女性对于鞋子的热爱一点儿也不亚于口红。女鞋的款式多样，一款舒适又不乏时尚的鞋子可以为穿衣搭配增加别样的风韵，走在路上，何愁回头率呢？图为一名脚穿着运动鞋的男子从百丽女鞋的巨幅广告前走过。

对页

2006 年 8 月，北京。全民健身热潮兴起，跑步、健身、瑜伽等各类运动服饰成为大众时尚休闲之选。图中崇文门菜市场屋顶上矗立的巨幅广告牌中，NBA 球员达蒙·琼斯穿着李宁专业篮球鞋运球的形象非常吸引眼球。

a.t
丹尼斯大卫城

2016年9月，北京。女性的时尚不可以没有包这个元素，不同款式的包搭配不同的衣服，配合不同的场合。一款适合的包能给女性精致的穿着锦上添花，更显女性的气质和品位。

对页

2015年6月，河南郑州。街头这幅巨大的商业广告画面中，男女二人身穿设计简洁、裁剪利落的时装，搭配款式大方的皮包，整个人看上去清爽干练。从广告前面路过的一位男士被吸引了，忍不住多看了几眼。

2000 年 5 月，江苏南京。骑车人从一幅国外饰品广告前经过，广告画面中展示的耳饰、颈饰、胸饰、挂饰等流行配饰，能够凸显女性高贵优雅的气质。

2016 年 3 月，北京。身着优雅的红色礼服长裙，佩戴着黄金饰品，可谓集高贵姿态与典雅气质于一体，国际女星代言的这款珠宝广告给人一种惊艳的感觉。

云想衣裳花想容

爱美是人的天性，即便是在商品短缺的年代，爱美的女性也会花心思美一美。那时候市面上几乎没有什么化妆品，三毛钱一两的友谊牌雪花膏是唯一的“高端”护肤品。但这也不是所有百姓都消费得起的，大多数人用的是几分钱一盒的蛤蜊油，功能也仅限于滋润皮肤。白瓷瓶、绿瓶盖的友谊牌雪花膏，承载了那个时代姑娘们对美的渴望，也是一个属于姥姥辈的经典记忆！对于当时的人们而言，“美容”一词可谓既遥远又陌生。

20 世纪 80 年代末、90 年代初，港台流行文化让人们打开了视野，开放了思想。中国女性无论是社会地位、精神面貌，还是服饰发型，都发生了翻天覆地的变化，女性更加自信地投入社会、展现魅力，对于美的需求也开始大幅提升。彼时中国的护肤

2011 年 8 月，内蒙古满洲里。日常生活中，皮肤护理最基础也是最重要的步骤就是卸妆，图中是某品牌的深层卸妆油广告。

2011 年 9 月，北京。面膜具有清洁皮肤、补水保湿、美白祛痘、提亮肤色等功效，敷面膜已经成为很多女性的一种日常护肤习惯。图为卖场外的某品牌面膜广告，形象逼真，趣味盎然。

品市场还是一片空白，上海“霞飞”应运而生，主打美白功效。俗话说“一白遮百丑”，“霞飞”迎合了改革开放初期美女们最迫切的需求，堪称中国美白产品的先驱！据说当年中国30岁以上的女性每100人里面就有60人使用过上海“霞飞”的产品。

“‘大宝’明天见”“‘大宝’啊，天天见”“要想皮肤好，早晚用‘大宝’”，这些当年耳熟能详的广告词，相信能够唤醒不少人的记忆。中国广告营销初始时代，朗朗上口的广告词，深入千家万户，让人想忘都忘不掉！“大宝”滋润陪伴着一代人的成长，相信不管是“80后”还是“90后”，小时候妈妈的梳妆台上都会有一瓶“大宝”！

目前，市场上的化妆品种类繁多，可谓数不胜数。化妆品品牌层出不穷，仅以护肤品来看，品牌就已经多达上千种，欧美的有“兰蔻”“迪奥”“雅诗兰黛”等，韩系的有“雪花秀”“后”“谜尚”等，日系的有“资生堂”“SK2”“雪肌精”等，国货有“百雀灵”“片仔癀”“相宜本草”等。各式各样的化妆品让女性和男性变得容光焕发、光彩照人，也展现出全民对美的向往和追求。

美丽容颜，是人们永远无法停止的追求！

2014年8月，北京。珍珠霜是女性常用的一种美容护肤产品，具有美白祛斑、提亮肤色、延缓皮肤衰老等功效。

2016年12月，北京。现代社会，美容护肤并不仅是女性的专利，男性也非常在意肌肤护理。男士护肤到位了，可以让肌肤更健康，展现男性的个性与活力。

2005 年 4 月，浙江杭州。爱美女性都非常注重自己的形象，美容护肤对女性的重要性自是不言而喻。图为杭州街头的一幅美容养颜广告，“更白、更细、更光洁”道出了众多爱美女性的心声。

2006年11月，北京西单。在一家化妆品店里，一名女性消费者正在做护肤体验，墙上的大幅宣传海报非常炫目。

2006 年 5 月，北京。炫彩夺目的彩妆深受时尚女性的追捧，它能够帮助女性塑造妩媚、高雅的气质形象，让其成为众人心目中的“女神”。图为北京繁华的商业街上的香奈儿彩妆巨幅广告。

2010年7月，北京。“眼纹消了，眼袋平了，肌肤一贴就白”，这句广告语确实打动了无数爱美女性的心，难怪许多女性围在商家展示台前咨询。

2010 年 8 月，北京。天安门广场上，几名时尚女青年在拍照前对着小镜子补妆。

2014年8月，北京。除了大眼睛和无瑕美肌之外，小V脸已成为亚洲女性梦寐以求的第三个审美标准。图为某知名品牌化妆品推出的一款精华乳的广告，声称能够重塑小V脸。广告中女明星的小V脸令不少爱美女性羡慕不已。

2015年9月，北京西单。彩妆、护肤品、香水，都是爱美女性的至爱。图为两个年轻女孩从某知名品牌美妆护肤品广告前走过。

2016年5月，北京。“大宝”应该算是一个非常知名的平民品牌，“大宝”护肤品便宜实惠，而且还很好用。图为超市护肤品专区货架上摆放的“大宝”护肤品，货架旁张贴的大幅女明星代言广告十分醒目。

2019 年 4 月，上海。南京路步行街观光车车身上的护肤脱毛膏广告，迎合了年轻女性展现“裸肌美”的需求。

2016 年 4 月，天津。现代社会，男性也希望通过护肤来提升个人形象，以一种更积极、更时尚的心态面对生活。众多商家也瞄准男士护肤品市场，积极开发针对男士护肤需求的系列产品，让使用者容光焕发、充满活力。而且，许多男士护肤品还请男明星做代言人，提高消费者对品牌的认知度。图为鹿晗代言的某品牌芦荟胶，宣称具有较好的补水保湿效果。

世界因你更美丽

随着收入的增长和生活水平的提高，人们对美容的需求也越来越多。美容已经被划分成多个领域：化妆品和护肤品保养、医学整容、营养保健、美体塑形、瑜伽健身、精油养生等，并且每一个领域都在不断地进行细分。比如化妆品和护肤品就被细分为若干品类：化妆水、乳液、防晒霜、隔离霜、粉底液、遮瑕膏、眼影、眉粉、睫毛膏……简直数不胜数。各种档次的美容院、美发店、美甲店、瑜伽馆、健身房等如雨后春笋般涌现，去美容院做美容、去健身房健身，已经成了不少都市人一项固定的支出。

美，从头开始，时尚的品位也许最先跟发型有关系。特别是女性发型的变化，体现了时尚潮流的演变。20 世纪 70 年代，女性的发型还普遍拘谨保守；到了 80 年代，在港台文化的熏陶下，各种长的、短的大波浪头再加上墨镜的造型备受青睐；90 年代，

2003 年 6 月，河南郑州。2003 年中央电视台春节联欢晚会上的小品《足疗》引起了广大观众的关注，足疗成为一种时尚。图为河南郑州一家足疗店借势宣传的足疗广告。

2005 年 5 月，北京西单。口红是每个女性都必不可少的化妆品，女人可以不施粉黛，可以素面朝天，但至少要涂口红。涂上口红能够令双唇焕发光彩，使人显得格外娇媚，看上去光彩照人。

高翘的、厚厚的刘海儿让美女们找到了时尚的入口；进入21世纪，女性的发型更趋于个性、时尚，有喜欢黑长直清纯少女系的，也有喜欢杀马特爆炸头前卫系的，还有喜欢都市丽人装扮职业系的……无论是张扬的还是含蓄的，都彰显出独特的气质和个性。

现代女性对美的追求已不再仅仅局限于“涂脂抹粉”，对于许多爱美的女性来说，通过医学手段整容、整形也是一种追求精致、热爱生活的表现。美女们可以通过打针、手术等改变先天的容颜，让脸蛋变得越来越漂亮；也可以通过吸脂、放假体、练瑜伽、健身等手段，使身材变得越来越婀娜；甚至还可以改变单眼皮、改变肤色、改变身高，让自己变得越来越有魅力。男士们也不甘落后，各种身材管理俱乐部、男士皮肤管理机构层出不穷，甚至许多男士也开始接受微整形。追求美，已经成为人们对美好生活追求的一部分。

全民美容塑身时代已经来临，女性美丽优雅、男性阳刚帅气不再遥不可及！

2013年3月，上海。除了漂亮的时装和亮丽的配饰之外，发型也是体现时尚的重要因素。一款时尚的发型结合精致的妆容，能够让你的魅力气质倍增。

2015年9月，天津。手是女人的第二张脸，时尚漂亮的美甲可以让女性更加有女人味。美甲广告吸引着众多爱美女性的目光。

1996年5月，河南焦作。早期的街头美容，可以取黑痣、刺瘊，还可以治灰指甲、脚气等，可以说从面部到脚面，专业技术都能够做到。

2003年10月，北京。拥有苗条身材是每个女人的梦想，为此，她们尝试各种变瘦的办法，努力让自己的身材变得苗条匀称。图为国贸桥边的巨幅纤体广告，倡导有效、天然、持久的健康纤体之道。

2006年7月，辽宁大连。做瑜伽是一项修养身心的运动，也可能达到瘦身美体的效果，因此颇受都市白领青睐。图为两个年轻女孩从街头的巨幅瑜伽广告前走过。

2009 年 3 月，河南焦作。每个胖女孩都希望自己能够变瘦，恢复婀娜身姿，实现从“丑小鸭”到“白天鹅”的完美蜕变。图为街边的胖妞瘦身广告，广告中的女孩子瘦身前后的身材变化非常明显。

2012年7月，河南郑州。胸部扁平一直困扰着许多女性，即使衣服穿得再漂亮，也显不出曲线美，很多人甚至因此失去自信心。如今，越来越多的女性通过丰胸展现女性曲线美，并重拾自信和从容。图为一辆大巴车停在丰胸广告前，一路人经过并抬头看向广告。

2013 年 3 月，天津。以前，变美的手段一般是化妆；如今，借助整形美容可以让自己的颜值更高，看起来更完美。图为街头的一组整形美容广告：美丽，如你所愿。

2013年9月，广州。一位年轻女性正在看药妆美容广告，该广告主要宣传了祛眼袋、美胸、祛斑、经络排毒等项目。

2014年10月，四川成都。拥有一张细致的鹅蛋小脸是很多爱美女性的愿望，她们会通过各种瘦脸的方式使自己的脸形变小，瘦脸针就是其中之一。图为公交车站站牌上的瘦脸针广告。

发型不仅是头发的样式，更是时尚的象征，一款潮流发型能够让人变得更时尚。以前，人们大多是模仿影视明星的发型；现在，人们会在发型设计师的指导下，选择跟自己的脸型、年龄、职业等相匹配的发型，以便更好地展现自己的个性和气质。

2006 年 7 月，北京。街头理发曾经在各地盛行好长一段时间，身穿白大褂的理发师傅十几分钟就能修剪好一个干净利索的发型。后来，各种各样的美发店、造型工作室渐渐多了起来，街头理发逐渐消失在高楼大厦间。

2015 年 3 月，天津。20 世纪 80 年代，美发行业开始兴起，爱美人士开始到理发店去剪发、烫发、染发。图为居民区周边的一家理发店门口张贴的时尚经典发型图片，体现了当时的潮流趋势。

2017 年 8 月，北京。步入 21 世纪，理发店升级为造型美发店或发型工作室，理发师则晋升为发型设计师，理发环境和工具有了很大变化，各种各种的时尚发型更是让人眼花缭乱。

2014年10月，四川成都。“闻香识女人”这句话很精辟。香水不仅能愉悦人的感官，还可以传达出女性优雅迷人的气质，给人留下清新美好的印象。图为成都某商场中庭悬垂下来的巨幅香水广告，很有吸引力。

2017年10月，北京。美甲也是很多爱美女士的选择，漂亮又精致的美甲让指尖看上去更有时尚范儿，怎能不让人心动？

2016年12月，北京。俗话说，“眼睛是心灵的窗口”，拥有灵动明亮的双眸能够让你时刻保持自信美丽。如果再配上长长的、浓密的睫毛，定能够让双眸明艳动人，绽放出迷人魅力。五花八门的美睫美瞳产品能够帮你打造一双顾盼生辉的明眸。

2015年5月，北京。唇彩是现代女性必备的美容化妆品之一，它不仅具有滋润和保护嘴唇的作用，还可以修正嘴唇的轮廓，让女性的妆容更精致，显得更加性感妩媚。图为王府井一家在装修中的知名品牌唇膏店，外墙上的炫彩广告吸引了两名女性拍照。

实现安居梦

大杂院

筒子楼

棚户区

公租房

福利房

商品房

洋房

别墅

高层

智能化

中国自古有“安居乐业”之说，对中国人而言，房子有着特殊的意义，它不仅仅是容身之所，更是“家”的象征。“家”是心灵的港湾，是成长的摇篮，是生活的动力；“家”，代表着温暖，代表着幸福，代表着安全感！无论是精神焕发的青年，还是步履蹒跚的老人，每个人魂牵梦绕的都是“家”。

有房才有家，这是中国人亘古不变的信仰。从古至今，住房一直承载着人们的希冀和憧憬，人人都希望能够拥有一个遮风挡雨的地方。为了拥有一个属于自己的“家”，人们一直都在努力地奔波着。

改革开放之前，我国城镇居民实行的是福利分房制度。那时候，人们大多蜗居在几平方米的平房、大杂院或筒子楼里，太挤、太小是那个时代人们对房子最深刻的记忆。更令人苦恼的是，由于供给不足，安居成为城镇居民的奢求。1998年，福利分房制度成为历史，住房开始走上商品化的道路，买房也就成了渴求安居乐业的百姓生活中的头等大事。

十多年前，曾经流行一个故事：美国老太太在很年轻的时候就贷款买了一栋漂亮的房子，她一直住在这栋漂亮的房子里享受着高质量的生活直到退休；中国老太太自年轻开始就省吃俭用，住在逼仄的宿舍里，她攒啊攒，直到退休才攒够钱买了一所大房子养老。这个故事引发了人们的热烈讨论和深度思考：是像美国老太太一样先消费后还款，还是像中国老太太一样先存钱后消费？

随着经济的快速发展和生活水平的日益提高，人们的住房观念也在发生改变，从原来的等着单位分房，到逐渐接受买房。伴随着房地产市场的快速发展，拔地而起的一栋栋楼房也满足了人们享受高品质生活的需要。统计数据显示，城镇居民人均居住面积已由1978年的6.7平方米增长至2018年的40.8平方米。人们告别了曾经的住房紧张局面，这个变化就是百姓幸福生活的最好见证。

但与此同时，房价也在一路走高，特别是北京、上海等大城市高企的房价已经令人望而生畏。高房价给老百姓的安居带来了沉重的经济负担，这一问题已经引起了党和政府的高度重视。“安得广厦千万间，大庇天下寒士俱欢颜”，习近平总书记曾引用唐代诗人杜甫的这句诗来表达对民生的关切。经济适用房、廉租房、公租房、共有产权房等不同发展阶段涌现的政策性保障住房，让城市低收入家庭住有所居，不再为住房问题发愁。

近年来，房子、房价是全社会持续关注的热点，牵动着十几亿人的神经。党的十九大报告指出：“坚持房子是用来住的，不是用来炒的定位，加快建立多主体供给、多渠道保障、租购并举的住房制度，让全体人民住有所居。”这是新时代住房政策的总目标，在这一目标的指引下，每个人的“安居梦”都将得以实现！

安居乐业，永远都是老百姓最真实的心愿、最美好的期待！

从福利房到商品房

20 世纪 80 年代之前，老百姓对“买房”没有任何概念。那时候，国家实行的是福利分房制度，城镇居民住的房子基本是公房，要么属于房管部门，要么属于所在单位。在那个住房还不能随意买卖的年代，居民要解决住房问题，只能是“等国家建房，靠组织分房，向单位要房”。

筒子楼是当时最具代表性的住房样式，中间是一条昏暗狭窄的楼道，两侧房间相对排开，十几户人家共用一个厨房和厕所，生活非常不方便。房间面积也很小，只有十几平方米，一家人，甚至老少三代住在里面，真的是拥挤不堪。另外，还有一些过去遗留下来的大杂院里的低矮平房，居住条件也很差。

房子小是无法改变的事实，但上下班路远、夫妻分居、生活不便等问题更令人头痛。

1986 年 7 月，河南焦作。当时很多人住在平房里，没有物业管理，房子漏了都是自己动手维修。

1992 年 3 月，河南焦作。随着城市建设的不断发展和住房消费需求的增长，许多老城区面临着拆迁改造。图为一处即将拆除的百年老房。

可否换一个房子住呢？于是，“换房”应运而生。因为都是公房，不涉及房子的产权变更问题，所以换房手续很简单，也不用缴纳任何费用。一时间，换房活动火爆起来。换房确实帮助不少人解决了居住上的困难，让他们生活上更方便了。

20 世纪 80 年代中期，人们陆续搬进带独立厨房和厕所的单元房，居住条件上升了一个台阶。进入 90 年代，随着市场经济的发展和住房制度改革的深入，商品房逐渐多了起来。1998 年，国家取消了福利分房制度，商品房时代全面开启，买房成为人生中的一件大事。人们不但追求住房宽敞明亮，更追求水电气暖网等配套设施齐全，让家人住得更舒心。

从平房到筒子楼、单元房，再到住宅小区，居民已经基本告别“蜗居”时代，进入“适居”时代，并切身体会到居住条件改善带来的获得感、幸福感和安全感。

1999 年 4 月，河南郑州。1998 年 7 月 3 日，国务院下发《关于进一步深化城镇住房制度改革加快住房建设的通知》，原先的福利分房制度被废止，住房进入商品化时代。一栋栋现代化的高层住宅拔地而起，“健康住宅”理念也随之兴起，人们的居住条件迈上一个新台阶。

1985 年 7 月，河南焦作。改革开放之前和改革开放初期，人们想添置家具，主要是自己买木材后请木工打制。图为正在家属院里打制家具的小木匠学徒。

对页

1984 年 6 月，河南焦作。煤矿南家属院的一排砖垒小平房，中间的小路上有人拉着一平车散煤在走。当时人们烧火做饭用的是煤球，买回来的散煤就是用来制作煤球的。

1988年4月，河南焦作。这片平房即将被拆除改建，一家人已经在仅25平方米的平房里住了10多年，这位房主要在房子前留影纪念。

对页

1990年11月，河南焦作。两个小孩正从矿区仓库院内走出来，矿区仓库院内住着10户人家，门口这栋建筑早在1949年之前就已经建成了。

礦區倉庫

房管局住宅开发公司
開
眼
923560

1999年10月，上海。改革开放之后，成品家具大量涌入市场。与请木匠打制家具相比，购买成品家具更方便，且价格更便宜。在一些大型家居卖场里，人们可以现场体验并选择自己喜欢的家具。

对页

1990年2月，河南焦作。房管局住宅开发公司在广场上悬挂的房地产广告。改革风来，房改渐劲。在焦作这个内陆城市首次出现的房地产巨幅广告，如一石激起千层浪，引起人们的热议，将买房的概念印在人们的意识里。

1993 年 1 月，河南焦作。当时很多人家居住的是平房，室内空间狭小，容纳不下太多人；但好在大多数平房都有一个小院子，人多时可以待在院子里。图中就是春节期间待客，人们在平房外面的院子里聚餐。

1997年10月，山西平遥。在住着多户人家的集体宿舍大院里，家人和邻居一起为小男孩庆祝12岁生日，这是生日宴上按照当地风俗举行的钻“圐圙”仪式。从图中可以看出，当时这些人的居住环境比较狭窄。

1998年国务院正式取消福利分房制度，住房进入商品化时代，市场上的商品房开始陆续推出，一幢幢住宅楼拔地而起。

1999年11月，河南郑州。107国道旁一家新楼盘的开发现场，工地上矗立的广告牌上写着“圆几代人的居住梦想”，让购房人对未来的美好生活充满期待。

2000年10月，北京。崇文门外大街的新世界家园广告，以健康、时尚的口号吸引购房者。

1999 年，河南郑州。人民路某房屋中介挂在路边的一块宣传板，上面写着市中心地段租房的价目表。

从“有居”到“优居”

进入21世纪，富裕起来的居民对住房有了更多、更高的要求。以前买房为的是有一个栖身之处，如今买房则是为了改善居住环境，提高生活品质。与之相应的是，高层住宅、复式楼房、花园洋房、联排别墅、独栋别墅，一栋栋现代化的建筑拔地而起，为人们提供了更多样化的住房选择。

当然，不同人群的需求也不尽相同，学区房、养老房、白领公寓、高端社区等功能不同的住房各有各的特点，学区房地处黄金地段，名校云集；高绿化率的养老房社区设施更完善，贴心周到的服务备受青睐；白领公寓独具精彩，智能家居省心省力；高端大宅关注人文，追求平静稀有的境界。

如今，新建小区的配套也越来越齐全，会所、学校、幼儿园、健身场所成为标配。许多高档住宅小区的物业管理提供包括房屋及相关设施设备维修养护、小区保安、环境

2002年4月，河南郑州。世纪初的房展会都是在露天广场上举办的，现场摆放的楼盘沙盘模型就是最好的广告，引得购房者驻足围观。

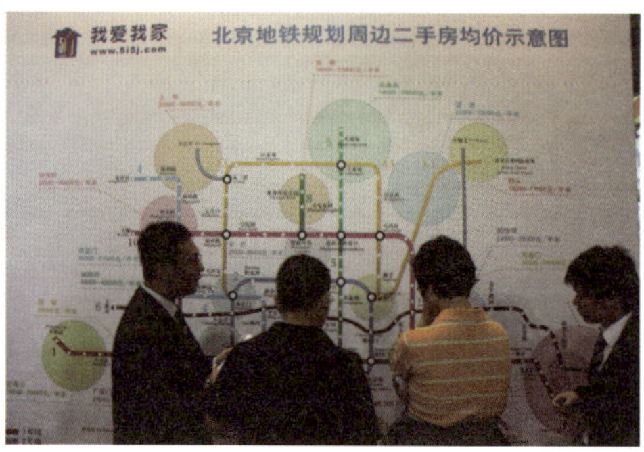

2010年9月，北京。“新国十条”出台后，各地纷纷出台“限购令”等被称为“史上最严厉”的调控措施。图为购房者在查看北京地铁规划周边的二手房均价。

保护、绿化养护、居民生活服务等众多服务内容在内的综合配套服务。不少新潮的社区已经采用App服务模式，将物业服务、信息通知、物业缴费、水电缴费、周边商铺、社区活动、政务、物业报修等诸多生活帮助信息及服务整合在一部小小的手机里，为社区居民带来便捷与实惠。小区居民只需打开手机客户端，即可了解小区物业通知，获取物业服务，还能在周边商家打折购物，与小区其他居民互动。这不仅促使社区生活更便捷、更和谐，更让社区居民的幸福指数节节攀升！

站在新时代的起点上，更多居民不仅实现了“住房梦”，“优居梦”也正在成为现实，品质住房、幸福生活触手可及。

2010年，广东佛山。旧城改造拆迁，老街旁建起了一堵围墙。居民虽然对老街和老房子充满了留恋，但更憧憬着住进新居后的幸福生活，围挡上广告中所描绘的正是他们梦想中的新生活。

2014年6月，天津。在消费升级的带动下，家具定制成为很多人理想的家居模式。与传统成品家具相比，定制家具能满足消费者对于个性化的需求，深受年轻一代消费者的喜爱。定制家具市场增长速度加快，由单一的定制衣柜或橱柜开始向全屋定制方向发展。

2000年6月，河南郑州花园路。一群年轻人骑着自行车进行楼盘宣传推广，这是当时最便捷、最省钱的一种宣传方式。

2003 年，北京国贸。挑选称心如意的住房，不仅要听介绍，还要“眼见为实”。看房直通车成了一道流动的风景线。大约在 2002 年左右，河北燕郊的住宅开始引起北京购房者的关注，图为燕郊某楼盘开发商接北京购房者去看房的林肯加长看房班车。

2003 年 11 月，北京国贸。对购房者来说，地段是一个非常重要的考量因素。图为国贸附近正在施工中的楼房，施工围挡上赫然写着“位置决定一切”。

2005年10月，北京。在买房选房中，交通一直是购房者关心的问题。交通方便，才能保证上下班顺畅，外出购物也会更省心。图为北京即将开建的地铁边上的某楼盘广告。

2006 年 10 月，北京。潘石屹的“SOHO·尚都”飞跃城市广告。SOHO 是英文 Small Office Home Office 的简称，意思是“小型办公，家庭办公”，它在很大程度上满足了部分居住人群对居家工作这种新的生活模式的需要，特别是对年轻人有着很强的吸引力。从广告牌前经过的行人，看到广告牌中潘石屹快乐的表情和飞奔的形象，忍不住会发笑，但也难免会有人动心。

2007 年 8 月，北京。随着居民改善住房迫切需求的快速增长，城市建设速度不断加快，旧城改造拆迁力度也在不断加大。图为两个人站在工地围挡外向改造区内张望，可能是迫不及待地想了解一下里面的施工进度吧。

2008 年 11 月，北京。物质生活富足后，人们都会想要一种更高品质的生活，别墅便成为富裕人群追求的一种居所。其中，联排别墅因生活空间较大、能够满足一家人的居住需求而受到购房者的追捧。图为北京街头某别墅的广告，打出“孝敬父母，关爱老人”的口号，这也正是许多购房者的心愿。

2009年，北京昌平。四合院是老北京的传统民居建筑，蕴含着深厚的文化内涵。随着城市现代化建设的快速发展，高楼大厦越来越多了，四合院却越来越少了，但四合院仍是许多人心目中最理想的住宅。图中是水长城边上的四合院经典户型广告，一家一户的私宅，院落宽敞，花草丰茂，景致幽雅，真是令人心神向往。这就是四合院不言而喻的魅力。

2010年9月，北京。“金九银十”是传统的购房旺季，但受2010年4月国务院发布的“新国十条”的影响，楼市观望情绪弥漫，部分开发商不得不选择降价策略，2010年的“金九银十”迎来全国楼市的一场“折扣战”。图为房产家居网络平台“房天下”发起的“百团大战金九银十版‘满城尽带折扣房’活动”广告，提出“无折扣不买房”的口号。

2010年9月，北京。2010年5月北京限购令开始执行，一些被挡在门外的购房者纷纷到与北京仅一河之隔的燕郊买房。在北京限购政策溢出效应下，燕郊房价突破万元大关。在这之后，燕郊的房价一直起起伏伏，像过山车一样，而每次大涨大跌都跟北京的房价、楼市政策息息相关。图为北京街头的燕郊某楼盘广告。

2013年5月，天津。以“美的一海里”为主题的楼盘广告，宣传推介海景房。蓝天、碧海、银沙……海边风景美如画，确实令人心旷神怡。从住得宽、住得好到住得美，人们的居住环境不断改善，生活也越来越惬意。

伴随着房地产市场的繁荣发展，不仅商品住宅销售持续火热，公寓、商铺等商业地产也开始受到投资者的关注。在通货膨胀的压力下，投资商业地产成为一种让资产保值升值的稳妥方式。特别是黄金地段或成熟商圈的商业地产，更是受到投资者的追捧。

2009年5月，北京三里屯。在全球金融危机的背景下，某地产项目打出“抵御资金缩水”的广告口号吸引购房者投资。

2012年6月，天津老城厢。投资房产什么最重要？地段，地段，还是地段！画面中公交站牌后面的巨幅广告墙上，宣传的是天津黄金地段的临街商业地产。

2014年10月，天津。房价持续走高，让购房者背负巨大的经济压力。图为正在建设中的高层住宅楼和工地围墙上的楼市砍价网广告。“让我们联合起来向高房价说‘不’”的口号，确实代表了很多人的心声。

2015 年，天津。随着房地产市场的繁荣兴盛，“我爱我家”“链家”等一批房地产经纪公司快速崛起，给消费者买房、租房带来很大方便，帮助人们实现家的梦想。图为天津大沽路上行驶的一辆公共汽车，车身上喷绘的是“爱屋吉屋”广告。

2016年5月，山西大同。某住宅小区的工地上，工人们正在加紧建造施工；外面的围挡上是该小区的宣传广告，智能社区的住房即将面市。

2016 年，河南郑州。金水大道旁某楼盘的广告，画面中的飞鹤象征幸福、吉祥，代表着人们对幸福美好生活的向往。

2018年6月，天津。街边一面巨幅的广告墙，画面中描绘的是装修后的新居：宽敞明亮的房间里，落地窗搭配咖色窗帘，地面上铺着大理石地砖，会客区是乳白色的转角沙发和摆设了装饰品的电视背景墙，餐厅区的实木餐桌上摆放着精致的餐具……整个房间处处散发着时尚感，正是许多购房者梦寐以求的理想家园。

2019年6月，河南焦作。2016年，国家住房城乡建设部、发展改革委、财政部联合发布的《关于开展特色小城镇培育工作的通知》提出在全国范围内开展特色小城镇培育工作，拉开了各类特色小镇建设的序幕。特色小镇“望得见山、看得见水、记得住乡愁”，不仅增强了当地居民的归属感，也吸引着众多游客前来休闲游玩。图为河南省焦作市修武县当阳小镇广告，从画面中可以看到，那里有着美丽宜居的生活环境。

联络更便捷

手机
书信
“大哥大”
固定电话
小灵通
5G

在很多“60后”“70后”“80后”，甚至“90后”的童年记忆里，书信一直是老百姓传递信息、交流情感的主要方式。在过去那个年代，贴着八分钱邮票寄出的一封信，一角钱一个字的电报，老百姓尽量精简地发出只有几个字的信息，却凝聚着深情……“车马很慢，书信很远”，这是我们看到最多的描写信息传递的文字。

1978年12月，中国开始实行对内改革、对外开放的政策，中国社会实现了由封闭、贫穷、落后和缺乏生机到开放、富强、文明和充满活力的历史巨变。

伴随着改革开放，全国各行各业蓬勃发展，而通信技术的变化可谓一日千里。20世纪80年代末，座机电话进入普通百姓家庭；进入90年代后，寻呼机、小灵通、“大哥大”相继出现，随身携带，即时联系，极大地缩短了人与人的时空距离，增进了人们之间的联系和交流。

千禧年之后，手机经过不断地更新换代，功能越来越强大，也越来越智能化，可以代替电脑开展工作，效率倍增。伴随着互联网的普及，网络购物发展迅猛，越来越多的人养成了网购的习惯。网购让人们可以在家“逛商场”，买东西不受时间和地点的约束。而且，网上的商品种类繁多，物美价廉。

今天，在中国绝大部分地区，人们只要带着一部手机就可以出门了。从早上的一份煎饼果子，到晚上和几个朋友到酒吧或饭馆里小酌一杯，都能用手机快捷支付，完全不用担心没带现金。一部小小的手机，已经不仅仅是一种联络工具，而是成了一种多功能甚至无所不能的工具，成了人们日常生活中必不可少的好帮手。

智能手机彻底改变了人们的生活方式，人们即使远在天涯，也能近似咫尺般地顺畅沟通、交流，而且还可以轻松实现办公、学习、购物、娱乐、社交等。

如今，5G时代已经到来，智能可穿戴设备、智能家居等正在迅速发展，万物互联不再遥不可及，人们的通信方式、生活方式、社交方式、娱乐方式、工作方式等也都会有颠覆性的改变。

5G时代，无数可能将变成现实！

书信很慢，情很真

书信，是一种古老的通信方式，我国自古就有“鸿雁传情、飞鸽传书”的佳话。书信，是一种情感交流的方式，就像一条情感的纽带把远隔万水千山的亲友连接起来。自古以来，书信在人们的生活中就有着非常重要的地位。书信中不仅有家长里短的叙述，还有家国情怀的表达。唐代诗人杜甫的名句“烽火连三月，家书抵万金”，让人们体会到一封报平安的书信是何其珍贵。

在交通和通信都不发达的年代，书信也是普通百姓之间远距离情感交流的唯一方式，“常来信啊”是人们离别时的常用语。那时，一封平信一般一周左右送达，快件则只要三四天。写好一封信后，装进信封，贴上邮票，投进邮筒，期待着它早日送到

充满年代感的书信。改革开放前，信封上的图案大多是样板戏人物和英雄人物形象，改革开放后逐渐变成卡通画和风景名胜等图案。信中的常用语也发生了变化，20 世纪 70 年代是“致以革命敬礼”，80 年代是“为中华崛起而奋斗”，90 年代是“good luck”（祝你好运）。

2000 年，中国邮政 EMS 的高考录取通知书特快专递。EMS 是国内快递市场的巨头，而且 EMS 的邮递范围很广，即使是偏远的农村也能送达。所以，不论是从速度还是安全性角度来看，EMS 都是邮递高考录取通知书的不二选择。

收信人手中。收到一封信后，不管是大人还是孩子，都有一种迫不及待拆开一读的兴奋感。

后来有了电报，它可以远距离传递信息，而且速度非常快，但其价格是以字数来计算的，在当时是非常昂贵的，寻常百姓只有在非常紧急的情况下才会想起去邮电局发电报。而且，发电报时还要反复斟酌，将字数尽量精简。

随着时代的发展和科技的进步，人们沟通和交流的方式也在不断改变，更便捷、更快速的固定电话、手机、短信、Email、QQ、微信、视频等交流方式相继出现，书信逐渐淡出人们的视线。

但即便在当今网络发达的时代，书信这种古老的交流方式也并没有退出历史舞台。时至今日，仍然有人通过写信这种方式进行人际沟通与交流，如给亲朋好友寄送结婚请柬、生日贺卡、旅游贺卡、节日明信片等，增进彼此之间的感情。与电子通信媒介相比，书信能够更多地带给人们温暖和欢乐，更显得情义的弥足珍贵！

书信，继续书写真心，传递真情！

2002 年 7 月，北京。许多快递的信件都是通过航空运输的，特别是国际快递，极大地方便了人们同国内外亲友的沟通联系。图为成立于 1986 年 12 月的中外运－敦豪国际航空快件有限公司的专机快递业务宣传广告。

2016 年，北京。互联网时代，人们沟通交流的方式发生了很大改变，但书信仍有其独特的魅力和存在价值。比如有些人还是会在节日、生日、喜庆日、纪念日给亲友、师长、同学寄送写有祝贺话语的精美卡片。

过去，人们之间的书信往来很多。在信中，人们谈生活，谈工作；谈人生，谈感悟；谈学习，谈趣闻，字里行间都饱含着真情，传递着祝福。书信加深了亲人之间的感情、增进了朋友之间的友谊，有的人还通过书信交到了志同道合的朋友。提笔写信，乐在其中。

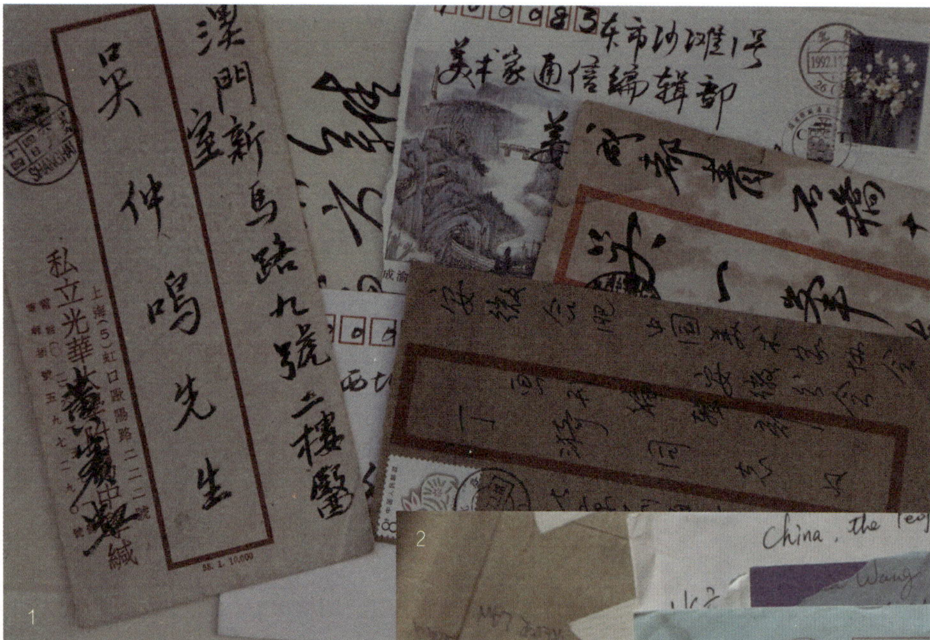

图1　20世纪八九十年代的书信。那时候的信大多是用毛笔或钢笔书写的，手写的字迹令人感受到一种难以言说的温暖和幸福。

图2　20世纪80年代的国际信件。一封封跨越千山万水的国际信件，让身处异国他乡的亲朋好友体会到那份沉甸甸的幸福感。

图3　20世纪90年代的书信。看看信纸上那或刚劲或娟秀，或潦草或工整的字迹，写信人的神态仿佛跃然纸上。

3

千禧年的明信片。一张写有祝福语、图案精美的明信片或贺卡，总能让人们感到心底暖洋洋的。

1999 年 4 月，河南焦作。鸿雁传书时代，一封封书信为人们架起了一座沟通的桥梁。图为一位小朋友正在家长指导下，专注地书写着邮寄地址，给希望小学的小朋友寄去书信和包裹。

2007年6月，广州。EMS工作人员正在投送快递，路边停放的中国邮政EMS货车的车身上印着“用刘翔速度迎接2008”的广告语。这意味着人们能够享受到“更快、更好、更放心”的速递服务。

2014年6月，北京。街头的同城快件信箱，每天开箱取件两次，城区当日送达，远郊区县次日送达。

电话有情，梦成真

“楼上楼下，电灯电话。”这是40多年前的一句流行语，但那个年代只有政府机关才有固定电话，电话距离普通老百姓的生活还很远。尽管很多人觉得这是一个遥不可及的梦想，但依然充满了憧憬。

那时候，老百姓要打电话，都得去邮电局。那时的电话没有自动交换设备，每次打电话都是通过接线员进行，由接线员将通话人接上正确的线路。如果是打长途电话，就更麻烦了，需要一级一级地拨，直到接通为止。有时候，从登记、挂号、排队、预交押金到接通，打一个长途电话需要花一天的时间！而且通话质量很差，打长途电话常常把喉咙都喊破了。

直到1981年，国家才对普通家庭安装电话实施了开放政策，从那以后，固定电话开始进入普通百姓家中。不过当时安装固定电话要申请、排队，而且初装费和通话费

20世纪80年代的转盘式拨号电话。这是当时常见的电话机，但拨通一次非常困难，不是提示“无此号码”，就是掉线。所以，那时候拨电话还是要讲究一些技术的。

1999年10月，河南郑州。20世纪90年代，街头巷尾的一些小卖部、杂货店、报刊亭纷纷开办公用电话业务。图为人们在街边的食杂店打公用电话。

都非常昂贵，仅初装费就要数千元，所以一般只有在富裕的城市家庭里才会见到。20世纪90年代末，初装费大幅下调，固定电话才逐渐在普通家庭普及。家里安装固定电话后，人们跟亲友的联系更方便快捷了，曾经遥不可及的梦想终于成为现实。

随着互联网的兴起，固定电话还增加了拨号上网功能，开通入网功能后就能通过一根细细的电话线拨号上网。在网上跟亲友用QQ或其他软件聊天，在当时也是一件比较时髦的事。而且，随着固定电话初装费下调，有些家庭甚至安装两部电话，一部打电话，另一部专门用于上网，互不影响。后来，电话订票、电话购物、电话咨询、电视点播、声讯热线等服务也相继出现，为人们的生活提供了更多便利。

在家庭电话还没有普及的年代，公用电话帮人们解了许多燃眉之急。20世纪七八十年代的公用电话都是有人值守的，按次数或时长收费。1982年，第一批投币式

2007年9月，广西桂林。早在20世纪90年代，大街小巷随处可见IC卡公用电话亭，既方便了人们外出时的及时通话，又是城市里一道亮丽的风景。

公用电话出现在北京街头。20 世纪 80 年代至 90 年代，投币公用电话、磁卡公用电话、IC/IP 卡公用电话等无人值守的公用电话相继出现，为人们打电话提供了更多便利。

21 世纪初，手机逐渐普及，很多家庭已经不再使用固定电话，街头的公用电话也受到人们的冷落。今天，在很多城市的街头巷尾依然可见 IC/IP 卡公用电话亭，但大多蒙尘日久。尽管街头的这些 IC/IP 卡公用电话亭已鲜少使用，但关键时刻，它们依然发挥着“救命亭”的作用，每年仍有市民通过公用电话亭拨打 110、120、119 等紧急救援电话。

这些承载着人们温馨回忆、带有年代感的公用电话亭，如今也成了年轻人拍照“打卡”的点。最具有代表性的就是上海街头的公用电话亭，经过近两三年来的改造，部分公用电话亭已经化身为悦读亭、美术亭、艺术亭等，吸引了不少市民和游客的目光。

时光流逝，家庭电话和公用电话的辉煌时代已经基本谢幕，成为人们难以忘怀的回忆。

2013 年 1 月，北京。随着互联网的发展和手机的逐渐普及，IC 卡公用电话渐渐成了“被遗忘的存在”。但它们至今仍发挥着基本通信和应急通信的功能，默默守护着城市和人们的安宁。

1984年7月，河南焦作。一名年轻人在打电话，桌上摆的是当时常见的拨号电话。那年头，电话在普通家庭中还很少见，是人们眼中的“奢侈品”。有不少人还特意手持电话“摆拍”，赶一回时髦，留下一份美好的回忆。

1992 年 11 月，河南焦作。固定电话初装费收据，上面显示初装费为 2000 元。20 世纪 80 年代末、90 年代初，家庭安装一部电话要交一笔金额不小的初装费，北京地区的电话初装费在 1990 年时曾经高达 5000 元。直到 2001 年 7 月 1 日，固定电话初装费才正式取消。

1993年9月，河南焦作。20世纪90年代，街头公用电话逐渐多起来，很多街边小店不但能打公用电话，还售卖电话卡。尽管还会出现排队打电话的现象，但打电话确实比以前方便多了。

1998年6月，河南郑州。磁卡电话是我国第一代无人值守公用电话，用预先购买一定面额的磁卡替代现金付费，在20世纪八九十年代曾经风靡一时。但由于成本、安全性能等原因，磁卡电话逐渐被IC卡电话取代。2003年1月1日，磁卡电话正式退出历史舞台。

2004年11月，上海。一名大学生在IC卡公用电话亭打完电话后，在红色的公用电话亭前留影。2003年底，上海启动红色电话亭改造，红色电话亭不仅扮靓了城市，也唤起了人们对往日时光的回忆。

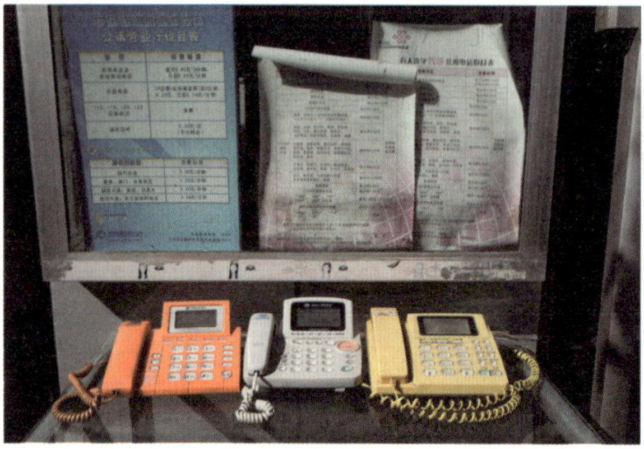

2004 年 10 月，北京。2002 年国内公话市场放开之后，公用电话这块曾被喻为固定电话“金市场”的黄金业务，成为各大基础电信运营商集中发力的目标市场。图为北京街头一个有人值守的公用电话亭，窗前的桌上摆着三部电话，其中一部是中国联通的，另外两部是中国铁通的。

2012 年 5 月，河南郑州。北京、上海、三亚等城市机场和火车站的公用电话亭变身免费便民终端，市民可以免费打 3 分钟本地或国内电话，还可以免费上网，免费查询股市行情。图为郑州新郑国际机场航站楼，候机的乘客正在使用免费便民终端。

2015年9月，北京。街头一个被冷落的IC卡公用电话亭，似乎在默默诉说着曾经的辉煌。这个电话上带有“市政交通一卡通”标志，就是说它可以用公交一卡通拨打电话，而且通话费比IC卡便宜。这是2008年北京网通与北京市政公交一卡通公司携手推出的一项便民服务，方便市民出行时打电话。

2019 年 9 月，北京。一部老式拨号电话、一台非遥控的按键式电视、一台老式双开门冰箱，这是 20 世纪 80 年代常见的家庭生活场景，如今早已成为人们温馨的回忆。在王府井商业街上搭建的这个充满怀旧气息的商业空间里，一个年轻女孩正体验老式拨号电话，感受过去的生活。

呼机手机，诉真情

寻呼机、“大哥大”无疑是20世纪90年代的时尚宠儿，“腰别寻呼机，手捧‘大哥大’”是那个时代最令人崇拜的形象写照。从寻呼机开始的即时通信，将人们带入了没有时空距离的年代，让人们实现了随时随地都能沟通的梦想，不仅方便了人们的生活，也大大提高了工作效率。

其实早在20世纪80年代初国内就有了寻呼机，1983年全国第一家寻呼台在上海开通。早期的数字寻呼机只能显示数字信息，需要对照数字代码本查看；后来出现了汉字寻呼机，虽然只能显示几个字或一句话，却让人们之间的沟通交流更加方便、快速。20世纪90年代，寻呼机开始盛行，“有事您呼我”成为当时的流行语。但是当时寻呼台的服务费比较高，数字机一年服务费180元，汉字机一年服务费600元，还有100

1998年10月，河南郑州。在寻呼机盛行的年代，腰别寻呼机也成了一种时尚，“有事您呼我”让人们之间的联系变得更直接、更方便了。图中是腰里别着寻呼机正在进行采访的电视台记者。

1999年5月，河南郑州。20世纪90年代末，手机开始出现在人们的视野中，但当时手机通话费用相当昂贵，这给了寻呼机最后的生存机会。图中是中国联通寻呼台的广告：“呼我！一切为了沟通。”

元入网费。那时，腰间别着寻呼机走在街头，总有一种引领潮流的豪气。

后来，随着寻呼业务竞争的加剧，入网费和服务费不断下降，越来越多的普通百姓用上了寻呼机。1998 年，全国寻呼机用户突破了 6546 万户，名列世界第一。但在 1999 年以后，随着手机的迅速崛起和资费的不断下调，曾经风靡一时的寻呼机逐步退出城市普通百姓的生活。从辉煌到落寞，不过短短十几年。

寻呼机兴起不久，"大哥大"也出现了，它方便人们在收到寻呼信息时及时回复电话。当时，一部"大哥大"要几万元，而且当时的话费每分钟都在 1 元以上，还有月租费，非一般人所能拥有的。因此，"大哥大"就成了当时成功人士的一种标配。手持"大哥大"，就是身份、地位、财富的象征。

但"大哥大"最终也只是昙花一现，取而代之的是外形更轻便、价格更亲民的手机。20 世纪 90 年代购买手机还需要上千元的入网费，2001 年移动电话入网费正式取消，2002 年左右手机普及潮到来，手机成为大众常用的一种沟通工具。那时的手机除了打电话、发短信，还可以玩一玩"贪吃蛇""俄罗斯方块"等小游戏。后来，手机经过不断推陈出新，实现了强大的多媒体功能，比如录音收音、播放音乐、拍照录像等。

1999 年 10 月，河南郑州。外形更轻便的手机开始进入普通大众的视野，但当时的手机最重要，也是几乎唯一的功能便是打电话。图为郑州街头的摩托罗拉新一代商务手机 L2000 广告。

2008 年 5 月，广西桂林。除了资费低廉之外，绿色环保也是小灵通的一大突出优势。图为街边的小灵通话费包月广告：每月 33 元包打全桂林，每月 46 元包打全中国！"打久了不头疼，打多了不心疼"，这句广告语真的说到老百姓心坎里。

手机市场如火如荼，更接地气的小灵通于 1998 年在西子湖畔诞生，搅动一池春水。小灵通单向收费，月租费 20 元，资费每分钟 0.2 元，远远低于当时的移动通信资费。凭借资费便宜、通话方便的优势，小灵通迅速风靡大江南北，让普通老百姓以低廉的价格享受到快捷的移动通信服务。2006 年，小灵通的全球用户量达到近 1 亿人的历史顶峰，书写了平民通信发展的传奇。

小灵通的风生水起也带动了手机资费的不断下降，百姓享受到手机通话的更多优惠。但是，小灵通由于没有漫游功能、信号差，而且随着移动通信资费的不断下调，其价格优势逐渐消失，客户也不断流失，开始走下坡路。最终，小灵通于 2011 年底退网，成为一个时代的回忆。

2004 年 2 月，北京。西单科技广场的手机广告，左边画面中一个人使用的是时尚轻薄的摩托罗拉 V3 手机，右边画面中三个人用的则是当时诺基亚最畅销的手机，这些手机都具有 MP3 播放和拍照功能。

2006 年 10 月，北京。音乐手机能够让人们在移动中轻松享受自己至爱的音乐，它就像一块强大的磁石，深深吸引着年轻消费群体。图为北京前门公交站台上的诺基亚音乐手机广告：“音乐，让我说爱。”

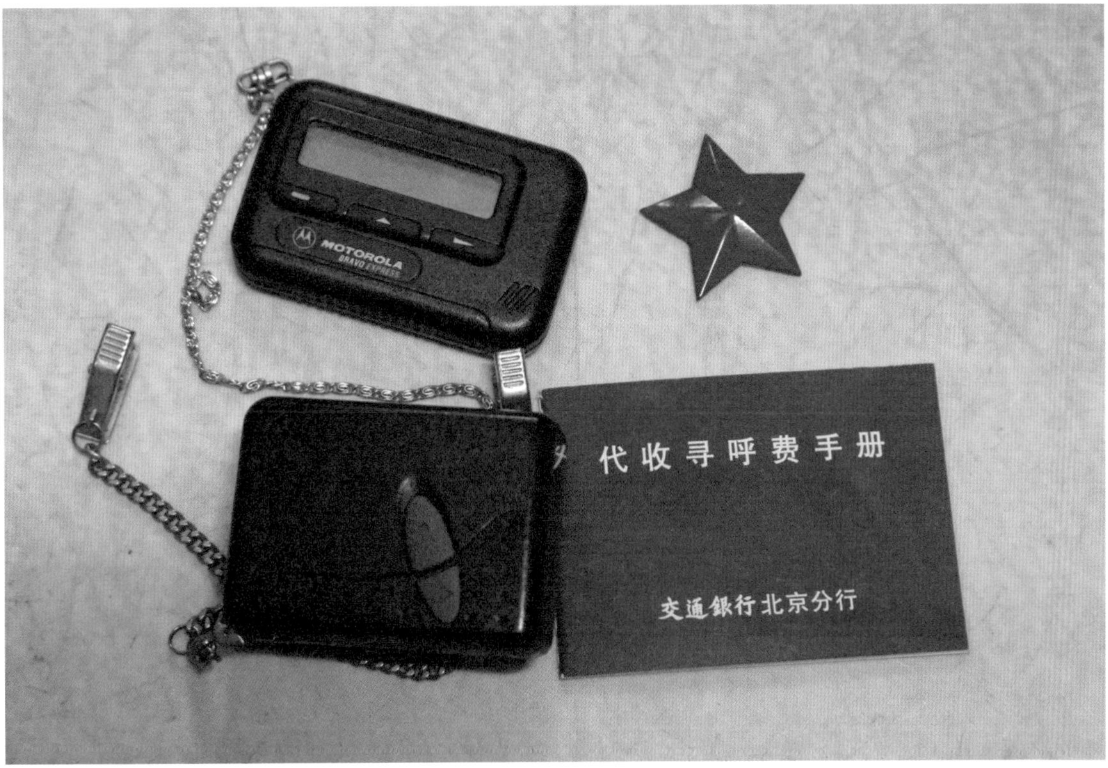

20世纪90年代的寻呼机。摩托罗拉在寻呼机时代可谓叱咤风云，其市场霸主地位无人能够撼动，那时候家喻户晓的一句广告词就是“摩托罗拉寻呼机，随时随地传信息”。图中的摩托罗拉汉字寻呼机和数字寻呼机，在当时是炙手可热的“香饽饽”。

1993年4月，河南焦作。20世纪90年代，随着寻呼市场的繁荣，寻呼台如雨后春笋般涌现，鼎盛时期全国寻呼企业有2000多家，用户数量达8000多万户。图中楼顶上矗立的是讯联寻呼台广告。

1994年9月，河南焦作。随着寻呼机的快速更新换代和新的地区开办寻呼业务的需求，二手寻呼机市场也逐步形成规模。

1999年6月，深圳。在手机强大的攻势下，寻呼机市场受到极大冲击。尽管很多寻呼机生产商试图力挽狂澜，将寻呼机往网络化、智能化的纵深方向发展，但寻呼机市场的颓势已经难以改变。图为深圳街头商家推广寻呼机上网业务。

1999 年 8 月，河南郑州。路边恒基伟业的“商务通”广告：“呼机，手机，商务通，一个都不能少。”在这个广告中，除了当时非常盛行的呼机和刚刚兴起的手机，还有商务人士必备的信息储备工具——商务通，它的最大卖点是手写功能，但很快就被功能更强大的智能手机赶超和代替。

2000 年 7 月，河南郑州。有了寻呼机之后，只要听到寻呼机的“嘀嘀”声响，人们就会急急忙忙找公用电话，这也促进了街头公用电话亭的大批涌现。图为一个骑自行车的人在接到寻呼后，在街边的一个 IC 卡电话亭回电话。

2008年10月，北京。王府井大街上"记忆30年——纪念改革开放30周年全国摄影大展"的巨幅宣传海报，其中一幅海报的画面是1992年一位女士手持"大哥大"正在通话，看上去很有范儿。

2000 年 9 月，四川成都。“大哥大”之后，手机向着轻薄、纤小、时尚方向发展。图为成都某商场外的波导 S2000 手机广告“大明星·小手机”，宣传外形更纤小的手机。

2005年3月，北京国贸商务中心。与外形笨重的手机相比，灵巧纤薄的手机更受时尚人士青睐。图为摩托罗拉“刀锋”系列幻镜K1手机广告，这款时尚纤薄的手机一推出便备受追捧。

2001 年 9 月，四川雅安。手机短信极大地方便了人们之间的沟通交流。图为两个年轻人在看手机短信，当时的手机只能储存少量短信，超过一定数量后必须删除，否则无法接收新信息。

2004年7月，北京。发短信是手机的一个重要功能，发送一条短信0.1元。图为北京国贸商务中心街头的诺基亚手机巨幅广告，钢质按键手感很好，编辑短信更方便。

2000年，手机开始整合Mp3播放器功能，三星和西门子是先行者。索尼爱立信2005年发布的W800c则第一次将Walkman融入手机中，正式打开了音乐手机的大门。音乐手机技术不断进步，给我们带来了更便捷、更美好的音乐享受。

2000年8月，河南郑州。唯开翻盖手机广告："视听'乐'翻天。"

2007 年 12 月，广州。索尼爱立信 W830c 滑盖手机广告，这款手机内置了 Walkman2.0 音乐播放器，支持 MP3/MP4 格式文件播放。

内置摄像头的手机问世之后，手机的拍照功能也逐步被开发出来。最初手机摄像头的分辨率只有 10 万像素，如今已经发展到千万像素，拍摄照片的清晰度和图像质量越来越高，而双摄像头的使用则使手机的拍摄效果足以媲美数码相机。拍照手机在技术上持续提升，让我们随时随地可以拍下生活中的精彩瞬间，分享给亲朋好友。

2003 年 8 月，北京西单。西单科技广场外悬挂的巨幅广告牌上展示的是索尼爱立信公司推出的第一款直屏手机，采用漂亮的金属材料外壳设计，手感极佳，配备 10 万像素摄像头，定位高端客户，属 2G 通信的功能手机。

2006 年 3 月，北京。短短几年时间，手机摄像头的分辨率就迅速提高至百万像素。图中背景是 LG 的 200 万像素拍照手机 G912 广告。

2017 年 10 月，四川成都。OPPO 是颇受年轻人追捧的拍照手机。图中是熙熙攘攘的成都春熙路，路边矗立的是 OPPO R11 拍照手机的巨幅广告，“前后 2000 万，拍照更清晰”这句广告语道出了这款拍照手机的出色之处——前后摄像头均为 2000 万像素，可以轻松拍摄出清晰明亮的人像。

2002 年 7 月，河南焦作。小灵通无线市话，接听不花钱，便宜实惠，满足了很大一部分用户的通信基本需求，特别受到漫游需求较少、月话费支出不高的人群欢迎。图中“通话够意思，收费小意思”的广告语，恰恰点明了小灵通吸引大量用户的原因所在。

2005年5月，湖北武汉。中国电信推出“超级无绳”业务，让小灵通成为固定电话随处可用的超级无绳电话。“超级无绳”将小灵通和固定电话变成功能强大的无绳电话子母机，子机和母机同号，来电同时振铃，并能在全市范围内随意移动，自由拨打。而且，超级无绳子母机之间互拨全免费。

2000 年 6 月，河南开封。某商场外墙的小灵通广告，“有线话费，无限沟通”，就是以固定电话的价格，享受本地移动电话的便利。

2005年10月，新疆乌鲁木齐。随着通信市场竞争的日益激烈，移动、联通、小灵通纷纷推出更为优惠的资费套餐，百姓享受到更多实惠。

智能互联，心相随

进入 21 世纪第二个十年，智能手机逐渐取代传统功能手机，一个崭新的时代缓缓开启。2010 年 6 月，苹果推出具有划时代意义的 iPhone4，随后各种品牌的智能手机频频亮相，市场需求也一路蹿升。

智能手机已经不仅仅是一部具有电话和短信功能的手机，而是成为一个多媒体上网终端，移动互联网及多媒体娱乐开始成为人们日常娱乐的首选，所以大触摸屏成为智能手机的标志。与此同时，为智能手机而开发的各种 App 应用程序也应运而生，五花八门，大有“乱花渐欲迷人眼”之势。下载和使用手机 App 应用程序已经成为人们当下的一种生活新常态。

经过不断地更新换代，智能手机整合的功能越来越多。如今，拥有一部智能手机，

2012 年 5 月，宁夏银川。随时、随地、自由自在地进行沟通交流，是人类一直以来的憧憬和梦想。移动互联技术的应用改变了人们的生活，让人们能够非常方便地借助智能手机、平板电脑等上网查看和发布信息，实现了梦寐以求的愿望。

2019 年 5 月，北京。以前找工作要去参加招聘会或在网上投递简历，信息反馈不及时，效果也未必好。现在你只需要在手机里下载一个求职招聘 App，就可以直接跟招聘单位的人力资源沟通，得到自己心仪的工作岗位。图为“BOSS 直聘”App 的广告。

就可以随时随地与人沟通，足不出户也能轻松搞定很多事情。

想看电影，可以用手机连接投影仪，将画面投放到墙面，就可以自由自在地观看一场巨幕电影，还可以控制播放进度；

想吃饭，可以用手机下单点自己喜爱的美食，不超过 30 分钟热气腾腾的美食就会出现在你的餐桌上；

想旅行，可以用手机里的电子地图导航去任何你想去的地方，不用担心迷路或找不到“带路人”；

想看书，可以用手机上网浏览全球各种语言、各种版本的书籍，还可以非常方便地做笔记、添加书签；

想聊天，可以随时随地与千里之外的亲友连接视频，倾诉衷情！

……

这些都是以前人们无法想象的！

如今，千兆宽带、5G 技术应用的大幕已经拉开，让我们一起迎接一个崭新时代的来临！

2020 年 4 月，北京。因新型冠状病毒感染的肺炎疫情影响，全国学校纷纷宣布延期开学。但停课不能停学，在家上网络直播课就成了一种热门的学习方式。图为“作业帮直播课”App 广告。

2020 年 10 月，北京。随着移动互联技术的发展，移动医疗云平台开始崭露头角。网上问诊轻松便捷，病患和家属不必再为预约挂号难而烦恼。图为“好大夫在线”App 广告。

2015年4月，北京。微信是目前人们最常用的一种手机聊天工具，几乎人人在生活和工作中都离不开微信。微信不仅可以发文字和图片，还可以语音或视频聊天，沟通交流之便捷不禁令人咋舌。如今，“刷微信”“看朋友圈”已成为现代人生活的一部分。一条胡同、一栋楼或一个社区都有了自己的微信群，就连几十年不见的同学、战友、朋友也能在微信朋友圈里重聚。图中几个人正围看延庆旅游宣传广告，该广告用微信聊天的形式宣传民间花会民俗表演和特色美食。

2016年7月，北京。腾讯应用宝广告“上应用宝，下一种生活”，引导人们通过App体验移动互联网时代全新的生活方式。

以前，人们到一座陌生的城市或不太熟悉的地方，通常会先买一份地图查看路线。如今，纸质地图已经成为历史，取而代之的是手机中的各种地图导航 App，它可以迅速定位目的地，帮人们规划出行路线，甚至查找目的地附近的美食、商超、加油站、停车场、银行等信息。出行先看手机地图导航，已经成为人们生活中的一种习惯，根本不用担心迷路。即便是去熟悉的地点，很多人也会先在手机上查看一下实时路况，避开拥堵，快捷出行。

2009 年 3 月，北京。东单路口查看地图的行人。

2019 年 2 月，北京。地铁通道里的“百度地图” App 广告，站在广告前的年轻人正在查看手机，可能正在用手机地图导航目的地吧。

以前，人们出门坐地铁需要先购买地铁票或交通卡，如果忘记带现金或交通卡，就会很麻烦。现在完全不必担心这个问题了，如果你在北京，只需要用手机下载并注册“易通行”App，就可凭二维码乘坐地铁，真是轻松又便捷。

2017 年 12 月，北京。地铁站里的“易通行”App 广告。

2019 年 5 月，北京。使用手机扫码乘坐地铁。

移动互联时代，人们的阅读方式和阅读习惯已经发生了很大改变。越来越多的人放下手中的报纸和书籍，拿起了手机，功能强大的智能手机和丰富多彩的数字内容让人们随时随地都能享受阅读的乐趣。

2016年7月，北京。手机新闻App可以让你及时了解实时资讯，图中的背景是“天天快报”App的广告。

2019 年 8 月，北京。一名年轻人从“掌阅”App 广告前走过，手里拿着手机正看得津津有味，可能是正在阅读一本非常热门的电子书吧。

2014 年 3 月，北京。以前看电影需要提前到电影院的售票口排队买票，现在有了各类在线票务 App，用手机就能在线购票、选座，方便多了。图为某电影院门口，人们正在自动取票机上取票，墙上张贴的是在“手机淘宝”App 上购票享受优惠的广告。

2015年2月，北京。时代在发展，拜年的方式也正在发生改变。从传统的给长辈磕头、鞠躬行礼，到电话拜年、短信拜年，再到如今的微信拜年，不同的拜年方式留下不同时代的烙印。特别是微信红包、支付宝红包出现之后，发红包随即成为流行的拜年方式。图中是支付宝在春节期间推出的发红包广告：“我有我的拜年方式，红包要比祝福先到。”

2017 年 10 月，北京。随着移动互联网的飞速发展，网络直播终端从 PC 端走向移动端，直播开始步入“全民时代”，人人皆可成为主播，记录并分享自己的生活。图为北京地铁里的“快手”短视频 App 广告。

2018年6月，北京。华润超市收银台附近的自助收银终端，顾客购物后可以通过手机中下载的“多点”App支付，无须排队人工结账。

中国电信
CHINA TELECOM
hello
SECURITY
SECURITY
SECURITY

2019 年 5 月，北京。5G 来了。全息通话、远距离 AR 购物、万物互联等，这些在电影中出现的科幻场景未来或许将逐步成为现实，5G 正开启文化和技术赋能的新时代。

幸福印记

1978
农村实行家庭联产承包责任制。

1981
国家对普通家庭安装电话实施开放政策。

1983
- 上海开通中国第一家寻呼台，寻呼机进入中国。
- 商业部发出通告，即日起全国临时免收布票、絮棉票，对棉布、絮棉敞开供应。

1984
第一只股票"小飞乐"发行。

1987
广东省开通全国第一个移动通信网，"大哥大"进入中国。

1990–1991
上海证券交易所、深圳证券交易所开业。

1993
粮票制度正式取消，粮油实现敞开供应。

1995
双休日开始实行，黄金周诞生，人们的生活更加多元化。

1998
福利分房制度废止，商品房时代来临。

1999
QQ 即时通信网络工具诞生，可以通过电脑上网视频聊天。

2001
市话初装费、移动电话入网费正式取消。

2002
中国银联成立，银行卡跨行跨地区使用更方便。

2006
农业税、牧业税、屠宰税、农林特产税取消。

2009
“双十一”购物狂欢节诞生。

2010
苹果第四代iPhone4手机发布，开启智能手机的新时代。

2011
微信诞生，用户可以通过网络快速发送免费语音短信、视频、图片和文字。

2013
支付宝钱包宣布成为独立品牌，用户规模接近1亿。

2016
短视频社交软件“抖音”上线，全民直播时代来临。

2018
个税起征点从每月3500元提高至5000元。

2020
我国累计建成5G基站71.8万个，已建成全球最大的5G网络。

万里境界万里春

如何用影像讲好故事？我一直不得要领。

以前我拍摄了不少反映时光变迁的影像，大多见诸报端或入选影展，比如中国摄影家协会举办的“记忆30年——纪念改革开放30周年全国摄影大展”和“影像见证40年——庆祝中国改革开放40周年摄影大展”。在撰写本书时，我一直在思考：如何起承转合，讲好自己目击的故事呢？大道至简，摄影也是如此，简单的画面也能简单明了地表达主题，且更有意境，更能引发观者思考。理想很丰满，现实很骨感，实际操作起来并没有我想象中那么顺利。几易其稿，都不满意，我甚至有些兴味索然。

好在有缘结识中国摄影出版社高扬社长，他学识渊博，思路敏捷，对照片进行了编辑重构，尤其是对关键照片做精心编排，赋予照片新的生命和传播意义，而且更符合读者在读图时代的阅读习惯。程蕾老师在百忙之中，帮我对本书各章节的文字做了认真梳理。中国金融摄影家协会主席徐波提出，本书在编排上要体现行业性、思想性，杨晓春多次撰写评述，姚虎构建出新语境。张响贤、葛玉修、李志武、李象凯、吴晓华、尹家成、韩延松、彭飞、徐全心、郑国华、杨林、王峥、燕平、赵希祥、孙若辰等专家也给予了悉心指导，鲁荣光、李联增、孙红山、孙丙辰、云台星辰对胶片的扫描和文字编排等基础工作提供了极大的帮助。大家所做的这一切，都为本书的完美呈现发挥了重要作用，让视觉之花芬芳绽放。

在向各位贤达请教的过程中，我深刻地领悟到用“会说话”的影像讲好身边故事的真谛，就在于必须选好“三个度”，即观察角度、呈现高度、故事温度。各位贤达帮我打开新的视界，令我受益匪浅，在此深表感谢！

特别鸣谢中国文联副主席李前光、中国摄影家协会顾问朱宪民等专家拨冗指导。

以光影观世界，以万象颂人间。谨以此书献给中国共产党百年华诞！

孙祺然

2021年2月，北京

图书在版编目（CIP）数据

时光传奇 ： 广告影像中的小康步伐 / 孙祺然著．--
北京 ： 中国摄影出版传媒有限责任公司， 2021.4

ISBN 978-7-5179-1050-3

Ⅰ．①时… Ⅱ．①孙… Ⅲ．①小康建设－成就－中国
Ⅳ．①F124.7

中国版本图书馆 CIP 数据核字（2021）第 053724 号

时光传奇：广告影像中的小康步伐
作　　者：孙祺然
出 品 人：高　扬
责任编辑：马　兰
装帧设计：胡佳南
出　　版：中国摄影出版传媒有限责任公司（中国摄影出版社）
地址：北京市东城区东四十二条 48 号　邮编：100007
发行部：010-65136125　65280977
网址：www.cpph.com
邮箱：distribution@cpph.com
印　　刷：北京科信印刷有限责任公司
开　　本：16 开
印　　张：14
版　　次：2021 年 5 月第 1 版
印　　次：2021 年 5 月第 1 次印刷
ISBN　978-7-5179-1050-3
定　　价：69.00 元